Königs Erläuterungen und Materialien
Band 288/288a

Erläuterungen zu

Thomas Mann

Tristan
Tonio Kröger
Mario und der Zauberer

von Peter Paintner

C. Bange Verlag – Hollfeld

Herausgegeben von Klaus Bahners, Gerd Eversberg
und Reiner Poppe

3. Auflage 1991
ISBN 3-8044-0307-7

Druck: Beyer-Druck, Langgasse 23, Hollfeld

Inhalt

1. Zeittafel*)

1875	6. Juni: Thomas Mann als zweiter Sohn des Senators Thomas Johann Heinrich Mann (1840–1892) und seiner Ehefrau Julia, geb. Silva-Bruhns (1851–1923), in Lübeck geboren.
1892	Liquidierung der Getreidefirma Johann Siegmund Mann.
1893	Mitherausgeber des „Frühlingssturms. Monatsschrift für Kunst, Literatur und Philosophie". Abgang vom Gymnasium aus der Obersekunda. Übersiedlung mit der Mutter nach München.
1894	Volontär bei einer Feuerversicherungsgesellschaft. Erste Novelle „Gefallen".
1895–1896	Studium an der Technischen Hochschule München. Beiträge zur chauvinistisch-antisemitischen Zeitschrift „Das Zwanzigste Jahrhundert". „Blätter für deutsche Art und Wohlfahrt", hrsg. von Heinrich Mann (1871–1950).
1896–1898	Aufenthalt in Rom und Palestina.
1898	„Der kleine Herr Friedemann", Novellen (darin: „Der kleine Herr Friedemann", „Der Tod", „Der Wille zum Glück", „Enttäuschung", „Der Bajazzo", „Tobias Mindernickel").
1898–1899	Redakteur am „Simplicissimus".
1900	Militärdienst.
1901	„Buddenbrooks. Verfall einer Familie". Entwicklungsroman einer Lübecker Kaufmannsfamilie in 2 Bänden.
1903	„Tristan, sechs Novellen (darin: „Der Weg zum Friedhof", **„Tristan"**, „Der Kleiderschrank", „Luischen", „Gladius Dei", **„Tonio Kröger"**).
1905	Heirat mit Katharina (Katja) Pringsheim. Geburt der Tochter Erika.
1906	„Fiorenza", Drama. Geburt des Sohnes Klaus.
1909	„Königliche Hoheit", Roman. Geburt des Sohnes Golo.
1910	Geburt der Tochter Monika.
1912	„Der Tod in Venedig", Novelle.

1914 „Das Wunderkind“, Novellen (darin: „Das Wunderkind“, „Schwere Stunde“, „Beim Propheten“, „Ein Glück“, „Wie Jappe und Do Escobar sich prügelten“).

1915 „Friedrich und die große Koalition“, Essay.

1918 „Betrachtungen eines Unpolitischen“.

1919 „Herr und Hund. Gesang vom Kindchen“, zwei Idyllen. Geburt des Sohnes Michael.

1921 „Wälsungenblut“, Erzählung

1922 „Bekenntnisse des Hochstaplers Felix Krull. Buch der Kindheit“, Roman.
„Rede und Antwort“, gesammelte Abhandlungen und kleine Aufsätze.

1923 „Von deutscher Republik“, Rede.

1924 „Der Zauberberg“, Roman in zwei Bänden.

1926 „Unordnung und frühes Leid“, Novelle.

1929 Nobelpreis für Literatur („hauptsächlich für seinen großen Roman ‚Buddenbrooks‘, der im Laufe der Jahre allgemeine Anerkennung als ein klassisches Werk der zeitgenössischen Literatur gefunden hat“).

1930 „Mario und der Zauberer“ (ein tragisches Reiseerlebnis).
„Deutsche Ansprache. Ein Appell an die Vernunft“, Rede.

1932 „Goethe als Repräsentant des bürgerlichen Zeitalters“, Rede zum 100. Todestag Goethes.

1933 „Goethes Laufbahn als Schriftsteller“, Vortrag.
„Die Geschichte Jakobs, Joseph und seine Brüder. Der erste Roman“. Emigration: zunächst in Samary-sur-Mer, dann (bis 1938) in Küsnacht bei Zürich.

1934 „Der junge Joseph, Joseph und seine Brüder. Der zweite Roman“. Erste Reise in die USA.

1935 „Leiden und Größe der Meister“, Aufsätze.

1936 „Joseph in Ägypten, Joseph und seine Brüder. Der dritte Roman“.
Aberkennung der deutschen Staatsbürgerschaft: tschechischer Staatsbürger.

1937 „Ein Briefwechsel“ mit dem Dekan der philosophischen Fakultät der Universität Bonn wegen Entzuges des Bonner Ehrendoktors.

1938 Übersiedlung in die USA. Gastprofessor (Lecturer in the Humanities) an der Universität Princeton (New Jersey).

1939 „Lotte in Weimar“, Roman.

1940 Umzug nach Kalifornien.
„Die vertauschten Köpfe. Eine indische Legende".
1942 „Deutsche Hörer! 25 Radiosendungen nach Deutschland".
1943 „Joseph der Ernährer, Joseph und seine Brüder. Der vierte Roman".
1944 „Das Gesetz", Erzählung.
Amerikanische Staatsbürgerschaft.
1945 „Deutsche Hörer! 55 Radiosendungen nach Deutschland".
1947 „Doktor Faustus. Das Leben des deutschen Tonsetzers Adrian Leverkühn, erzählt von einem Freunde", Roman.
Erste Europareise nach dem Kriege.
1949 „Die Entstehung des Doktor Faustus. Roman eines Romans".
„Goethe und die Demokratie".
„Ansprache im Goethejahr".
Freitod des Sohnes Klaus.
1951 „Der Erwählte", Roman.
1952 Rückkehr nach Europa. Niederlassungsbewilligung der Schweiz; seither jährliche Besuche in Deutschland.
1953 „Die Betrogene", Erzählung.
1954 „Bekenntnisse des Hochstaplers Felix Krull. Der Memoiren erster Teil".
Erwerb eines Hauses in Kilchberg bei Zürich.
1955 „Versuch über Schiller".
Ehrenbürger der Stadt Lübeck.
12. August: Tod im Kantonsspital Zürich.

---

*) Quellen:
Hans Bürgin: Das Werk Thomas Manns, Frankfurt a. M. 1959.
Herbert A. und Elisabeth Frenzel: Daten deutscher Dichtung, Bd. 2, München 1962.
Literaturlexikon des 20. Jahrhunderts, Bd. 2, Reinbek 1971.
Klaus Schröter: Thomas Mann in Selbstzeugnissen und Bilddokumenten, Reinbek 1964.

2. Zum Novellenschaffen Thomas Manns

„... ich war im Grunde überzeugt, daß die Kurzgeschichte, wie ich sie in der Schule Maupassants, Tschechows und Turgenjews erlernt hatte, mein Genre sei; nie, so glaubte ich, würde ich es mit der großen Form des Romans aufnehmen können", bekannte Thomas Mann, der Schöpfer des 1000-Seiten-Bestsellers „Buddenbrooks", in dem Vortrag „On Myself" vor Studenten der Universität Princeton im Mai 1940 (vgl. Hans Wysling, S. 79).

Trotz der Produktion literarisch hochrangiger Meisternovellen wie „Der Tod in Venedig" oder „Tonio Kröger" war dies die wahre Bestimmung des Dichters nicht, wie ein Blick auf den Umfang des erzählerischen Schaffens lehrt. Gemessen am Gesamtwerk nimmt Erzählendes vergleichsweise schmalen Raum ein. Es umfaßt insgesamt 32 Arbeiten unterschiedlichen Charakters: Skizzen, Studien, Kurzgeschichten, Novellen u. a.

Von 1896 bis 1898 veröffentlichten der „Simplicissimus" und die „Neue Deutsche Rundschau" die Mehrzahl jener Novellen, die schon vor dem italienischen Aufenthalt entstanden waren und 1898 vom S. Fischer Verlag als Sammlung herausgebracht wurden unter dem Titel „Der kleine Herr Friedemann". Weitere Novellen, später in der Sammlung „Tristan" vereinigt, erschienen 1899 und 1900 in den gleichen Publikationen, ebenfalls noch bevor „Buddenbrooks" den literarischen Ruhm ihres Schöpfers graniten begründeten. Man kennt die bis zur Jahrhundertwende entstandenen Erzählungen unter der einordnenden Kennzeichnung „frühe Novellen" und bündelt sie in diesem Begriff nicht ausschließlich der zeitlichen Zusammengehörigkeit wegen, sondern auch mit Blick auf ihre verbindende Thematik: den schicksalhaften Einbruch des „Lebens" in die Isoliertheit eines durch physische oder seelische Defekte aufgezwungenen Außenseitertums, als dessen Resultat die Vernichtung jeglichen durch Selbstbescheidung bewahrten Restes von Lebensglück geschieht. Als Beispiel sei hier „Der kleine Herr Friedemann" genannt. Die frühen Novellen stehen ganz im Zeichen selbsterfahrener Lebensproblematik des jungen Dichters, ohne daß freilich Autobiographisches mehr als nur gestreift würde – wie etwa die Schilderung des sozialen Milieus der Titelfigur im „Kleinen Herrn Friedemann" zeigt. Dies gilt gleichermaßen für die Erzählungen zwischen der Jahrhundertwende um 1912. Mit der Novelle „Tristan", an der Thomas Mann 1901 arbeitet, beginnt die Hinwendung zur Künstlerproblematik. In den Blickpunkt rückt jetzt die Stellung des Künstlers zum Leben, zur Gesellschaft: „In seinem durch Schopenhauers Pessimismus, Wagners Romantik und Nietzsches Verfallspsychologie beeinflußten tragischen Weltverständnis sieht Thomas Mann keine Möglichkeit, die tiefe Kluft, die die kapitalistische Entwicklung zwischen dem Individuum und der Gesellschaft, zwischen dem zur Erkenntnis gelangten Künstler und dem harmlosen Bürger aufgerissen hat, zu überbrücken. Im Gegenteil, der Verzicht auf die ‚Wonnen der Gewöhnlichkeit', der Verzicht auf Liebe ist der Preis, den der wahre Künstler für sein Schöpfertum zu zahlen hat." (Harry Matter, S. 432.)

Die herausragenden Werke dieses Zeitabschnitts sind „Tonio Kröger" (1902) und „Der Tod in Venedig" (1912). Mit dem Ersten Weltkrieg geht die novellistisch produktivste Phase zu Ende. Nach 1918 folgen noch sechs weitere Novellen, die als Einschaltungen – gleichsam als Erholungsphasen – die Arbeit an umfangreichen Romanvorhaben unterbrechen. Dazu gehört auch – welch ein bezeichnender Arbeitsort – die am Meeresstrand im Standkorb geschriebene Italien-Novelle „Mario und der Zauberer" (1930).

Es fügt sich zu dem eingangs zitierten Selbstzeugnis, daß nahezu alle Werke des Romanciers Thomas Mann novellistischen Ursprungs sind. Dies gilt bereits für die „Buddenbrooks". Eine Hanno-Novelle hatte Thomas Mann ursprünglich im Sinn (vgl. Harry Matter, S. 432). Der Roman „Königliche Hoheit" (1909) sollte eigentlich eine Fürsten-Novelle werden, und „Der Zauberberg" keimt in „jene(n) wunderlichen Milieueindrücken, aus denen die Hörselbergidee zu einer knappen Novelle sich bildete" (Lebensabriß, XII, S. 531). Der Dichter hatte seine Frau Katja im Mai/Juni 1912 für drei Wochen im Davoser Lungensanatorium besucht. Es gilt nach Matter auch für alle späteren Romane mit Ausnahme des „Doktor Faustus", daß sie aus zunächst novellistischen Konzeptionen hervorgegangen sind.

Von besonderem Interesse erscheint in Thomas Manns Novellen die werkimmanente Vielgestalt der Erzählerfunktion. Dieser ist stets präsent, entweder vorgestellt mit Rang und Namen oder einfach da als wohlinformierter Anonymus, der mit Enthüllungen, Meinungen, Zwischenbemerkungen und Sympathieäußerungen dem Leser gegenüber keineswegs geizt: „So wird auch die Einstellung des Erzählers zu seinem Stoff sowie der Umstand, wie er zu diesem gekommen ist, unverhohlen auseinandergesetzt. Demgegenüber gibt es Dichter, die in diesem Punkt diskret, ja geheimnisvoll bleiben. Kleist und Kafka gehören zu dieser Gruppe scheu sich Verhüllender. Thomas Mann, auch hierin in der Nachfolge Goethes stehend, knausert nicht mit Hinweisen auf seine Person und sein Verhältnis zum dargebotenen Stoff. In nahezu exhibitionistischer Weise führt er das Publikum hinter die Kulissen seines epischen Komödienspiels. Das ist ein Aspekt seines handwerklichen Könnens, der der künstlerischen Qualität keinen Abbruch tut – im Gegenteil!

Allerdings darf man die epischen Spielregeln nicht außer acht lassen – den Erzähler der Thomas Mannschen Werke nicht mit dem Staatsbürger Thomas Mann verwechseln. So ist es letzten Endes nicht immer leicht, den Dichter in oder hinter seinem Werk ausfindig zu machen. Unserm Blick, unserm Verstand stellt sich nur der Erzähler, eine vom Dichter in ganz bestimmter Absicht erfundene Gestalt." (Richard Thieberger, Persönliches Engagement und epische Distanz . . ., S. 200 f.)

Im „Tristan" finden wir die strenge Er-Perspektive. An keiner Stelle tritt der Erzähler wesenhaft in Erscheinung. Doch das Suggestiv-Zwingende der ironisierenden Erzählweise versetzt den Leser gleichsam an die Stelle des Erzählers. Bereits die einleitenden Sätze verdeutlichen das, indem sie eine Art von Erinnerungshaltung provozieren: „Nach wie vor leitet Doktor Leander die Anstalt . . .". Während im Tristan ironisch überlegene Distanz die Position des Erzählers markiert, findet sich im „Tonio Kröger" die weitgehende Identifikation mit der Gestalt des Helden: „Unmittelbar empfindet der Leser diese Gleichsetzung von Dichter und Hauptgestalt in der häufig verwandten ‚erlebten Rede', in der die Person des Erzählers oft gänzlich in der Gestalt des Sprechenden aufzugehen scheint; aber auch dort stellt sich diese Empfindung ein, wo der Erzähler, jede Distanz zum Geschehen aufgebend, die Personen der Novelle geradezu anspricht oder den Leser auffordert, sich in die Lage des Helden zu versetzen." (Werner Zimmermann, S. 115 f.)

Eine Reihe der Novellen Thomas Manns sind in der Ich-Form geschrieben, und unter ihnen nimmt „Mario und der Zauberer" einen besonderen Platz ein, weil hier die Identifikation Autor–Erzähler weiter geht als in anderen Werken, weil mit ungenierter autobiographischer Direktheit erzählt wird. Zwar tritt auch hier der Erzähler als namenloses Ich auf, aber er läßt sich nicht von dem gewissermaßen vorausgesetzten Kontext biographischer Kenntnisse distanzieren.

So finden sich im vorliegenden Band drei Novellen Thomas Manns der betrachtenden Untersuchung unterzogen, die sich ungebrochenen Leserinteresses erfreuen. Es sei an dieser Stelle angemerkt, daß der Verlag mit Band 47 weitere Novellen-Erläuterungen vorlegt zu „Der kleine Herr Friedemann“ und „Der Tod in Venedig“.

3. Tristan

3.1 Zu Wagners „Tristan und Isolde"

Richard Wagners Musikdrama spielt in Thomas Manns Novelle eine entscheidende Rolle. Gabriele Klöterjahn spielt das Werk vor Spinell, und das mystisch geheimnisvolle Geschehen gewinnt plötzlich Macht über sie, Kunst und Realität verwischen sich in ihrem Sein. Eingehend erläutert Mann das Vorspiel, das sich aus dem Liebes-, Leidens- und Sehnsuchtsmotiv über das Liebesmotiv steigert und dann dieses Thema nach steilem Aufschwung beruhigt zu Ende führt, um in das beziehungsreiche Lied des jungen Seemannes überzuleiten, mit dem der erste Aufzug beginnt. Ausführlich wird dann vor allem der zweite Aufzug, insbesondere die große Liebesszene (2. Szene), analysiert, wobei immer enge Beziehung zu Gabriele, die sie spielt, gewahrt bleibt. Zum besseren Verständnis geben wir den Inhalt des Musikdramas in der Fassung eines Zeitgenossen Wagners, Carl Waack, wieder, wie sie für den von Hans von Bülow besorgten Klavierauszug des Verlages Breitkopf & Härtel, Leipzig, geschrieben wurde. Diese Nacherzählung spiegelt eindrucksvoll die Auffassung über das Werk, die noch herrschte, als die Novelle entstand:

„Tiefstes Leid in treuester Liebe, heißeste Sehnsucht nach erlösender Todesnacht, das sind die Grundzüge der ‚Tristan'-Dichtung. Tristan, der Held, König Markes geliebter Neffe und Erbe, zog einst in den Kampf gegen Irlands Volk und Ritter. Ihren Anführer Morold schlug er nieder, besiegte dessen Mannen und sandte sein Haupt dem irischen Herrscherpaar zum Hohn. Doch im Fallen hatte Morolds Waffe auch Tristan getroffen, die Wunde wollte nicht heilen und siech und elend, unerkannt, sich unter dem Namen Tantris bergend, nahte er der irischen Fürstentochter Isolde, daß ihre hochgerühmte Heilkunst ihn gesund mache. Von Morolds Schwert ein Splitter, den sie in Tristans Wunde findet, verrät ihn Isolden. Den Tod des Verlobten zu rächen, hebt sie die Waffe, da trifft sie des hilflosen Helden Blick. Fest schaute er ihr ins Auge, langsam entsank ihr das Schwert, schweigend wandte sie sich ab. Die Wunde, die Morold schlug, heilt ihre Kunst, unerkannt enteilte Tristan zur Heimat, doch sehnsuchtsvoll im Irenlande harrte Isolde sein.

(1. Aufzug.) Dies die Vorgeschichte, die die verzweifelte Fürstin ihrer treuen Dienerin Brangäne erzählt, im königlichen Zeltgemach, auf schlankem Segler, der sie als König Markes Braut nach Kornwall trägt. Wohl war Held Tristan noch einmal nach Irland zurückgekehrt, als die Herrscher sich Urfehde schworen, doch nicht für sich kam er, die Braut zu freien, er warb für seinen Oheim König Marke, denn nur der stolzesten, schönsten Frau gönnte er Kornwalls siegreichen Thron. Nun zieht das Schiff der Heimat wieder zu. Am Steuer Tristan, ernst und versonnen, zu seinen Füßen der getreue Kurwenal. Verzweifelnd am Verrat, in ihrer Liebe tödlich gekränkt, verlangt Isolde inbrünstig nach der einen großen Sühne, die ihre Schmach auslöschen kann; der Sühnetrank, den sie Tristan reichen will, ist der Todestrank, den sie einer kleinen Truhe entnommen hat, und den nun auf der Gebieterin Geheiß Brangäne in die Schale gießen soll. Doch als Tristan und Isolde sich gegenüberstehen, Todesmut und Todeshoffen in Blick und Wort, da bringt die treue Magd es nicht über sich, das schaurige Gebot zu erfüllen, rasch verwechselt sie die Flaschen und reicht den Liebestrank zum Sühneopfer hin. Den Tod erwartend setzt ihn Tristan an die Lippen, den Tod ersehnend trinkt Isolde die andere Hälfte aus. Frei aller Pflicht und aller Ketten, bringt ihnen die Todessicherheit Erlösung aus Irrtums schwerer Not; im Angesicht des Todes gestehen sie sich ihre Liebe, im Sturm der todgeweihten Leidenschaft vergessen sie alles um sich her. Entsetzt, zu spät erkennt Brangäne das Unheil, das sie heraufbeschworen; unter dem Jubel des Schiffsvolkes legt das Schiff am Ufer an. Nur Tristan und Isolde starren fassungslos hinüber; das Leben fordert wieder seine Rechte, des Todes Nacht hat sie nicht aufgenommen, und froh bewegt harrt König Marke dort der bleichen Braut. Seiner selbst kaum mächtig, führt Tristan sie dem Oheim zu.

(2. Aufzug). Doch heiße Todessehnsucht ist ihnen geblieben; die Nacht, die traute Hüterin ihrer Liebe, ist ihnen Freund, Feind ist der Tag, der grelle, der sie scheidet. Zur Jagd zog König Marke abends aus, ein edles Wild zu stellen, wie Brangäne, die Ahnende, sagt. Gespannt lauscht Isolde dem Verklingen der Jagdhörner, dann löscht

sie, trotz aller Bitten ihrer treuen Dienerin, mit ungestümer Hand die Fackel aus. Die Nacht, die dunkle Nacht, ruft den Geliebten, ihr hehrer Friede gibt der zehrenden Sehnsucht Todesruh. Geweiht durch sie erwarten sie gemeinsam den grauen Morgen, den ‚öden Tag zum letzten Mal'. Von der Jagd kehren die Jäger heim, die Beute finden sie vor, die sie erhofften, Tristan flieht ihr Erscheinen nicht. Melot, den unfreien, treulosen Freund, der ihn dem Könige verriet, ruft er zum Zweikampf drohend auf, dann läßt er die eigene Waffe fallen und empfängt so den ersehnten Todesstoß.

(3. Aufzug,) Kurwenals breite Schultern trugen ihn fort, retteten ihn in die verfallene Burg seiner Väter, Kareol. Dort, im verwilderten Burghof, mit dem Ausblick auf das unendliche Meer ruht der kühnste Held im Fieberschlaf. Seine Sinne will schon die Todesnacht umfangen, doch seine heiße Sehnsucht kennt keine Rast, solange er noch Isolde am Leben weiß. Sie zu holen, hat Kurwenal einen treuen Boten ausgesandt; die lustige Weise des Hirten soll vom Burgabhang herab den Harrenden ihr Nahen künden. Doch todesbang verstreicht Stunde auf Stunde, in sehnender Schwermut verklingt des Hirten Spiel. Da gegen Abend wird ein Segler sichtbar, wie keck und fröhlich ertönt nun die Schalmei. Aus wirrem Fiebertraum fährt Tristan auf, unsagbare Erregung steigert seine Kräfte, in verzehrendem Sehnen taumelt er Isolden entgegen, um nach kurzem Wiedersehn tot in ihren Armen zusammenzubrechen. Das Schattenreich der ewigen Nacht hat ihn nun aufgenommen, zu spät kam König Marke, dem Brangäne ihre Schuld vertraute, und dessen mild gerechter Sinn so gern die Wirrnis noch geschlichtet hätte. Auch Isolde hört ihn nicht mehr, erdentrückt, losgelöst folgt ihre verklärte Seele getreu dem Freunde in sein dunkles Reich. Stumm segnet König Marke die Leichen; zu Tristans Füßen liegt hingestreckt der treue Kurwenal. Die Feste seines Herrn gegen den vermeintlichen Angriff Markes verteidigend, fand er den Tod. Verfallen die Burg, verwildert der Hof und über dem unendlichen Meer der Liebe ewiges Sehnen."

Zwei Stellen aus Wagners „Tristan und Isolde" werden in ihrem Anfang wörtlich zitiert, andere inhaltlich interpretiert. Die wörtlichen Zitate ragen aber derart heraus, daß ihre volle Kenntnis das Verständnis der Novelle zu erleichtern vermag. Darum sollen sie hier im Zusammenhang wiedergegeben werden. Beide stammen aus der 2. Szene des 2. Aufzuges:

S. 39: „O sink hernieder, Nacht der Liebe,
gib Vergessen, daß ich lebe,
nimm mich auf deinen Schoß,
löse von der Welt mich los.
Verloschen nun die letzte Leuchte,
was wir erdachten, was uns deuchte,
All' Gedanken, all' Gemahnen,
heil'ger Dämm'rung hehres Ahnen
löscht des Wahnes Graus
welterlösend aus . . ."

S. 40: „Du Isolde, Tristan ich,
nicht mehr Isolde, nicht mehr Tristan,
ohne Namen, ohne Nennen,
neu Erkennen, neu Entbrennen,
endlos ewig unbewußt
endlos heiß erglühte Brust
höchste Liebeslust."

Beide zitierten Stellen sind Duette zwischen Tristan und Isolde. Der Aufbau der Novelle folgt hier der Handlung des Musikdramas. Erschreckend erfolgt auf dieses Duett „höchster Liebeslust" der Einbruch König Markes, die Entdeckung. Der Dichter läßt an der gleichen Stelle die Handlung durch „etwas Erschreckendes" abbrechen. Hier ist es der überraschende Eintritt der Pastorin Höhlenrauch, die in irren Wahnvorstellungen durch die Räume des Sanatoriums geistert wie eine Warnung vor der letzten Konsequenz für Gabriele, vor der Verwirrung ihrer Gefühle: „Ja, das war die arme Höhlenrauch", sagte sie. Dann wandte sie die Blätter und spielte den Schluß des Ganzen, spielte „Isoldes Liebestod" (S. 41), damit aber auch ihren eigenen Tod.

3.2 Die leitmotivische Technik Thomas Manns

Die beiden Novellen „Tristan" und „Tonio Kröger" lassen deutlich werden, wie stark die Musik als stilbildende Macht auf das epische Schaffen Thomas Manns eingewirkt hat. Der Dichter selbst hat bekannt, daß er alles, was er „vom Haushalt der Mittel, von der Wirkung überhaupt", vom Stil als Einheit des Persönlichen und des Sachlichen, von der Symbolbildung und der organischen Geschlossenheit des Werkes, vom Anfangen und Enden wußte, Richard Wagner verdanke. Diese Anleihe des Epischen beim Musikalischen wäre aber nicht möglich, wenn nicht Wagner mit dem Leitmotiv ein eigentlich außermusikalisches, rationales Stilmittel in die Musik eingeführt, ihr einen epischen Zug gegeben hätte.

Das Leitmotiv ist immer zuerst Erinnerungsmotiv. Seine Aufgabe ist, sofort bestimmte Assoziationen hervorzurufen. Es kann eine bestimmte Person oder einen Personenkreis, eine entscheidende Situation, einen die Handlung fortführenden Gedanken oder einen Gefühlskomplex symbolisieren. Es wird regelmäßig wörtlich oder nur leicht variiert wiederholt. So heißt es in Manns „Tristan" von der sterbenden Frau Klöterjahn: „Sie saß ganz ruhig im Bett und summte ein Stückchen Musik vor sich hin." Von Spinell heißt es, nachdem er von Gabrieles Tod erfuhr: „Er ging gesenkten Hauptes und summte ein Stückchen Musik vor sich hin." In beiden Fällen ist eindeutig das Sehnsuchtsmotiv aus Wagners „Tristan und Isolde" gemeint, der Übergang vom physischen Tod der Tuberkulosekranken zur Todesmystik der reinen Gefühle, der absoluten Ästhetik, einer von den rationellen Wertsetzungen der bürgerlichen Gesellschaft unberührten Schönheit, vom Leben zum Geist, ist vollzogen.

In „Tonio Kröger" wird so der Konflikt Bürger–Künstler durch das Motiv „Wir sind doch keine Zigeuner im grünen Wagen, sondern anständige Leute" gedeutet. Tonios Bürgerliebe wird an zwei Stellen mit gleichen Worten in ganz verschiedenen Situationen umrissen, womit der Anfang, also die Jugend, und die Reife, das Ende der Novelle, zur Einheit werden: „Sehnsucht war darin und schwermütiger Neid und ein klein wenig Verachtung und ganz keusche Seligkeit." Auch einzelne Randfiguren können durch ein einziges Attribut charakteristisch, zur maßgeblichen Begleitfigur werden wie der „diabetische General" oder „die Herren mit den unbeherrschten Beinen" im „Tristan". Wie das Motiv variiert werden kann, zeigt im „Tristan" auch das immer scharf beobachtete Äderchen über Frau Klöterjahns Braue, das bei jeder Beobachtung auch deutlich den Krankheitsverlauf kennzeichnet, bis die Adern zuletzt, da Gabriele nicht mehr reagieren kann, bei dem beleidigten Klöterjahn auftauchen: „Seine umwölkte Stirn war von geschwollenen Adern zerrissen wie von Zornesblitzen." Thomas Mann selbst erklärt aus der Verwendung musikalischer Stilgesetze seine gründliche, manchmal ans Pedantische grenzende und langsame Arbeitsweise: „Es handelt sich dabei weder um Ängstlichkeit noch um Trägheit, sondern um ein außerordentlich lebhaftes Verantwortungsgefühl bei der Wahl jedes Wortes, der Prägung jeder Phrase – ein Verantwortungsgefühl, das nach vollkommener Frische verlangt, und mit dem man nach der zweiten Arbeitsstunde lieber keinen irgend wichtigen Satz mehr unternimmt. Aber welcher Satz ist ‚wichtig' und welcher nicht? Weiß man es denn zuvor, ob ein Satz, ein Satzteil nicht vielleicht berufen ist, wiederzukehren, als Motiv, Klammer, Symbol, Zitat, Beziehung zu dienen? Und ein Satz, der zweimal gehört werden soll, muß danach sein. Er muß – ich rede nicht von der Schönheit – eine gewisse Höhe und symbolische Sitzung besitzen, die ihn würdig macht, in irgendeiner epischen Zukunft wieder zu erklingen . . ."

Das Leitmotiv hat in der Epik, wie hier nebenbei ausgeführt wird, verschiedene Funktionen, die aber einander nicht ausschließen und ineinander übergehen. Zunächst ist es auf die Charakteristik der Personen beschränkt – „ein langer, sorgfältig gekleideter Herr, der immer eine Feldblume im Knopfloch trug" –, wobei allerdings auch die Möglichkeit offenbleibt, daß das gleiche Motiv für zwei Gestalten charakteristisch sein kann, wie etwa das „take care, mein Engel" des Herrn Klöterjahn, das seine Frau als zart und hilfsbedürftig, ihn selbst aber als Bildungsprotzen einerseits und als besorgten Gatten andererseits charakterisiert. Aber das Leitmotiv wird im „Tristan" auch handlungsbestimmend. Es verbindet die Höhepunkte des Geschehens, ohne im eigentlichen Sinne Spannung zu beanspruchen, wie hier das Liebesmotiv aus Wagners „Tristan und Isolde", die Grenze zwischen Epik und Dramatik verwischt sich.

Ursprünglich waren Thomas Manns Leitmotive mit einem naturalistischen Akzent versehen, blieben konkret, näherten sich nur allmählich dem Gedanklichen. Aber sie werden bald auch Klammer des Ganzen wie im „Tonio Kröger", wo das erste Bewußtwerden des Andersseins als die Bürgersöhne um ihn bei Tonio in den gleichen Worten formuliert wird wie die reife Erkenntnis des vom reinen Ästheten zum Bewußtsein einer Aufgabe in der Gesellschaft erwachten Künstlers.

Zu den Stilmitteln Thomas Manns gehört neben dem Leitmotiv auch die direkte Wendung zum Leser, die zwanglos vollzogen wird. Dazu genügt etwa eine Regiebemerkung wie „Man vergegenwärtige sich . . ." oder „Waren wir schon so weit?", Wendungen, die an den Ton des Schulmeisters oder, wenn man will, des Dozenten anklingen. Die Unbefangenheit der Erzählung wird dadurch verstärkt, daß Kritik der handelnden Personen oder Bedenken an Gedanken des Werkes eingefügt werden wie „aber das war hämisch und wenig zutreffend", wenn von Spinell erstmalig leitmotivisch als vom „verwesten Säugling" gesprochen wird, wodurch die satirische Metapher dem Leser natürlich erst richtig bewußt wird. Zu den gezielt angewandten Stilmitteln gehören auch die gelegentlich auftretenden, an die Sprache der Lutherbibel angelehnten Wendungen wie: „Und es war seines Bleibens nicht länger" oder „Und siehe, Herr Klöterjahn erschien". Hier greift die Freude an der literarischen Parodie entscheidend mit ein, die auch bei den Leitmotiven schon am Werke war.

Die Technik des Werkes ist bei „Tristan" aber auch bei „Tonio Kröger" deutlich sinfonisch; genauer ist sie die Technik eines sinfonischen Satzes aus Introduktion, Thema und Gegenthema – bei „Tristan" Klöterjahn und Spinell, bei „Tonio Kröger" Tonio und Hans Hansen – und dem Durchführungsteil, dem bei „Tristan" die Szene am Klavier, bei „Tonio Kröger" das große Gespräch mit Lisaweta entspricht, und einem Schlußteil, der alle Themen noch einmal aufnimmt und – wie in der klassischen Sinfonik – ins Positive, zum sieghaften Ausgang wandelt. Bei „Tristan" allerdings besteht dieser „positive" Ausgang darin, daß über der Katastrophe Gabrieles die beiden Hauptpartner, Spinell und Klöterjahn, sich durchaus behaupten, daß keiner dem anderen nachgibt und das Werk, genau genommen, kein Ende hat, sondern gewissermaßen mit einem hallenden Gongschlag endet, wie Tschaikowskys „Pathétique". Aber das hieße die Ironie des Werkes verkennen. Nicht der tragische Aspekt ist wesentlich im „Tristan", sondern der satirische, die Unvereinbarkeit der Klöterjahns und Spinells heraushebende Gehalt des Werkes. Auch bei „Tonio Kröger" konnte nur Unverstand sich selbst im Bild Tonios gespiegelt wiederfinden. Es ist nicht Autobiographie, so viel auch vom Wesen, Wollen und Schaffen des Dichters eingeströmt sein mag, so sehr er sich selbst in der Titelgestalt gespiegelt finden mochte. Aber auch Tonio ist durch die Brille der Ironie gesehen und deshalb nicht unbedingt „Konfession", sondern artistisch spielerische Leistung mit realem, wenn man will, naturalistischem Hintergrund. Das gerade ist die bedeutsame Tat Wagners, daß er mit seiner Leitmotivtechnik eine in der sinfonischen und dramatischen Musik bis zu seinen ersten

Werken unbekannte Art und Weise fand, die Abkehr vom reinen Bekenntnis wieder zum Spiel mit Motiven, Personen und Geschehnissen zu kommen, daß er das Artistische in der Kunst, die bis zu ihm wenigstens in ihrer Intentiontotal ernst und persönlich gewesen war, wieder erweckte. Thomas Mann setzte das in der Literatur fort, Musikalisches mit Epischem untrennbar verbindend.

3.3 Die Entstehung der Novelle „Tristan“

Am 29. Dezember 1900 schrieb Thomas Mann an seinen Bruder Heinrich, er arbeite jetzt „an einer neuen Novelle bitter-wehmütigen Charakters“, womit er „Tonio Kröger“ meinte. Eben erst, gegen Jahresende, hatte man den Einjährig-Freiwilligen zu dessen nicht geringer Erleichterung vom Infanteriedienst ausgemustert. Während er mit einer dem vorausgehenden, vom Parademarsch verursachten Sehnenscheidenentzündung im Garnisonslazarett lag, schickte ihm Verleger S. Fischer unter dem 26. Oktober 1900 dorthin die Aufforderung, das eingesandte Manuskript der „Buddenbrooks“, um die Hälfte zu kürzen, damit es druckfähig würde. Thomas Mann lehnte unter Angabe künstlerischer Gründe kategorisch ab und wurde fortan von erheblichen Selbstzweifeln geplagt, bis endlich am 4. Februar 1901 die definitive Zusage des Verlegers erfolgte, den Familienroman ungekürzt herauszubringen. Aus jener Zeit stammen einige Selbstzeugnisse, vornehmlich Briefe an Bruder Heinrich, die Zukunftsangst und Mutlosigkeit offenbaren. Unter dem 17. Dezember 1900 heißt es da: „Wüßte ich nur erst, was mit ‚Buddenbrooks‘ werden wird! Ich weiß so sicher, das(s) Kapitel darin sind, wie sie heute nicht Jeder schreiben kann, und doch muß ich fürchten, damit sitzen zu bleiben“ (Briefwechsel 1900–1949, S. 9). Noch eine Spur kleinlauter klingt es nach Jahresanbruch: „Fischer schweigt, wie gesagt, und wenn ich mahne, so bekomme ich wahrscheinlich den Wechselbalg sofort wieder ins Haus. Wenn nun Niemand das Buch haben will? Ich glaube, ich würde Bankbeamter“ (8. Januar 1901, a. a. O. S. 13 f.). Unter dem 13. Februar 1901 – wenige Tage zuvor ist ihm Fischers erlösende Nachricht zugegangen – bekennt Thomas Mann gar, „Depressionen wirklich arger Art mit vollkommen ernst gemeinten Selbstabschaffungsplänen“ hätten ihn in der Zeit des Zweifels bewegt (a. a. O. S. 18). Diese Zeugnisse einer tiefen seelischen Krise lassen einsichtig werden, weshalb die Arbeit am „Tonio Kröger" ins Stocken geriet, ja bald ganz zurückgestellt wurde. Die Ungewißheit der Situation erlaubte es nicht, das eigene Künstlertum einer bekennenden Sichtung zu unterziehen. Mit dem Schreckensbild einer möglicherweise vor ihm liegenden Buchhalterkarriere vor Augen wollte die Positionsfindung nicht gelingen. „Thomas Mann griff daher mit ‚Tristan' einen Stoff auf, der zwar auch vom Verhältnis des Künstlers zum Leben handeln sollte, diesmal jedoch aus einer ironisch distanzierten Sicht" (Harry Matter, S. 463).

Der erste schriftliche Hinweis auf den neuen Gegenstand findet sich unter dem 13. Februar 1901 in einem Brief an Heinrich Mann: „Eine Burleske, die ich in Arbeit habe, und die wahrscheinlich ‚Tristan' heißen soll." Augenscheinlich amüsiert über dieses Begriffspaar fügt er in Klammern hinzu: „(Das ist echt! Eine Burleske, die ‚Tristan' heißt!)" (Briefwechsel, S. 19).

Die Erzählung sollte in einem neuen Novellenband erscheinen. Verleger Fischer entschied sich aber für den Abdruck in der „Neuen Deutschen Rundschau". Als „Tristan" im März 1901 fertig vorlag, lehnte die Redaktion den Abdruck jedoch ab. Der satirische Stil fügte sich nicht in das Konzept der „Rundschau". Er hätte viel besser zum „Simplicissimus" gepaßt. Für eine Veröffentlichung dort war aber das Manuskript entschieden zu umfangreich. So gibt Thomans Mann unter dem 18. Juli 1901 in einem Brief an den befreundeten Maler Paul Ehrenberg seiner Freude darüber Ausdruck, daß der Mitherausgeber der Zeitschrift „Die Insel", Otto Julius Bierbaum, die Novelle drucken werde. Doch auch dazu kommt es nicht, weil „Die Insel" ihr Erscheinen einstellt.

Es vergehen noch weitere zwei Jahre, bis 1903 die Novelle „Tristan" als Titelerzählung des nach der Sammlung „Der kleine Herr Friedemann" nunmehr zweiten Novellenbändchens gedruckt vorliegt.

3.4 Sachliche und sprachliche Erläuterungen

Tristan

(Die Seitenangaben folgen der Ausgabe der Reclam-Universal-Bibliothek Band 6431.)

S. 4: **Phthisiker:** Phthisis = Lungentuberkulose.

gastrisch Leidende: Gastritis = Magenschleimhautentzündung.

Paralytiker: Paralyse = vollständige Lähmung; sie kann verschiedene Ursachen haben: Erkrankungen des Nervensystems, Geschlechtskrankheit.

diabetisch: zuckerkrank.

S. 5: „Ein **Schriftsteller** . . ., der den Namen irgendeines **Minerals** führt": Spinell ist der Name eines meist roten Schmucksteines, des edlen Spinells, aber auch einiger anderer Mineralien, die nur zum Teil als Schmucksteine geschliffen werden, darunter des einzigen wichtigen Chromerzes, des Chromeisensteins oder Chromits.

S. 6: **„take care":** Gib acht! Sei vorsichtig!

S. 10: **Nurse:** Kinderpflegerin, Kinderschwester.

S. 12: **kariöse** Zähne: Karies = Zahnfäule.

S. 14: **Lemberg:** Stadt in Galizien, seit 1945 Bezirkshauptstadt in der ukrainischen Sowjetrepublik. Da aus Lemberg viele Juden zuwanderten, kann die Erwähnung Lembergs als Herkunftsort Spinells durchaus als Hinweis auf dessen jüdische Abstammung gedeutet werden.

S. 17: **Laszivität:** Zügellosigkeit.

S. 19: **Myriade:** Zahl von Zehntausend, auch einfach zur Bezeichnung einer sehr großen Zahl verwandt.

S. 22: **Sylphe:** Luftgeist.

S. 23: **Eckhoff** . . . ein großer Schauspieler: eigentlich Konrad Ekhoff (1720–1778), der „Vater der deutschen Schauspielkunst".

S. 33: **Die Klosterglocken:** ein modisches Charakterstück der Jahrhundertwende, typisches Beispiel der damaligen Salonmusik.

S. 38: **dyspeptisch:** Dyspepsie = Verdauungsstörungen, die selten bei Magengeschwüren, häufig bei Magenkrebs auftreten.

S. 47: **Apotheose:** eigentlich Vergöttlichung, Erhebung eines Menschen zum Gott; in der bildenden Kunst durch Bekrönung, Verherrlichung dargestellt; übertragen in der Kunst auch für den festlich pathetischen Abschluß eines Kunstwerkes, vor allem in der Musik.

S. 48: **Gourmand:** Schlemmer, Vielfraß; hier abschätzig für jemand, der nur den materiellen, nicht den geistigen Genuß sucht.

S. 54: **Injurien:** Beleidigungen.

S. 55: **Invektiven:** Schmähungen.

3.5 Die Handlung im Überblick

Das Sanatorium „Einfried" wird zu Anfang ausführlich vorgestellt, ohne daß es genauer lokalisiert würde. Man erfährt nur, daß es im mitteleuropäischen Gebirge liegt und weit entfernt von den norddeutschen Hansestädten ist. Im Grunde bleibt die Lage gleichgültig, es kommt nur darauf an, daß ein solches Sanatorium eine Lebensgemeinschaft für Menschen ist, die sonst einander nicht beachten würden, die nur durch die Krankheit und die allen gemeinsame Bedrohung des Lebens, aber auch durch die Lösung aus der gewohnten bürgerlichen Umgebung und Lebensgewohnheit zusammengeführt werden. Das Personal des Sanatoriums, vom leitenden Arzt bis zur Haushälterin, wird zu Anfang ebenso wie eine Reihe der vielfältig leidenden Patienten in wenigen Strichen charakterisiert. Aber alle diese Gestalten bleiben Staffage, oft sind sie nur durch eine einzige Eigenschaft, deren Beschreibung leitmotivartig wiederkehrt, eingeführt wie „die Pastorin Höhlenrauch, die neunzehn Kinder zur Welt gebracht hat und absolut keines Gedankens mehr fähig ist" (S. 4 und 40), die als rastlos wandelnde Mahnung die stete Austauschbarkeit von Leben und Tod verkörpert. Auf wenige Gestalten konzentriert sich die Novelle, die aber auch nicht vielseitig charakterisiert sind, sondern nur in einer bestimmten Haltung, die durch die Situation, den Aufenthalt im Sanatorium, verstärkt wird. Es ist auf der einen Seite der Schriftsteller Detlef Spinell, auf der anderen stehen die kranke Gattin des Großkaufmanns Klöterjahn als echte Gegenspielerin und der robuste Gatte dieser durch die Krankheit ätherischen Frau, ein Erfolgsmensch, dessen unerschütterliche Gesundheit sich im reichlichen Konsum von Kaffee und Buttersemmeln bekundet. Und als Hilfe des alten Klöterjahn steht der Junior im Hintergrunde, der dem ästhetischen Spinell so unsympathische, unverschämt gesunde Säugling, der sein Lebensrecht lautstark behauptet. Unter den Patienten des Sanatoriums sind im übrigen neben Schwerkranken auch manche, die nur dort weilen, weil sie sonst nichts mit ihrer Zeit anzufangen wissen. Spinell bleibt sogar nur, weil er ohne Umgebung im Empirestil das Leben unvollkommen findet. Bitterer Ernst um Leben und Sterben und groteske Verspieltheit stehen unvermittelt nebeneinander.

Ein nicht geringer Teil der Novelle ist mit dem ausgefüllt, was man Sanatoriumsklatsch nennen könnte, mit der ausführlichen und doch beschönigenden Darstellung der Erkrankung Gabriele Klöterjahns, kleinen Vorfällen im Alltag des Sanatoriumsbetriebes, Auskünften über einzelne Patienten, die Antwort auf neugierige Fragen sind. Aber alles führt auf die eigentliche Problematik, auf die Begegnung zwischen der Welt des Künstlers, die sich für Spinell hier um so müheloser bewahren läßt, als das Sanatorium vor Einflüssen und Einwirkungen der Außenwelt sichert, und der des Bürgertums, die auch draußen bleibt und nur gelegentlich besuchsweise einbricht. So reserviert sich auch die Bewohner des Sanatoriums gegenüber dem sich selbst isolierenden Ästheten Spinell, der seine erdichtete Welt als Wirklichkeit nimmt und die reale Wirklichkeit einfach nicht sieht, einstellen – die junge Frau Klöterjahn fühlt sich geheimnisvoll angezogen von dieser ästhetischen Welt der großen Gedanken und reinen Schönheit. Sie erliegt ihrer Faszination um so mehr, als sie, an sich keine starke Persönlichkeit, aus der wohlgefügten Ordnung des norddeutschen Patrizierhauses gelöst ist und sich nun auf ihre eigenen künstlerischen Träume, auf ihre geliebte Musik besinnt, die ihr aus dem Elternhaus vertraut ist. Die Krankheit hat ihren festen Willen, mit dem sie einst gegen den Willen des Vaters ihre Heirat durchsetzte, geschwächt. Die neue Umgebung, die Lösung aus allen früheren Lebensgewohnheiten und die durch die Kur aufgezwungene Ruhe tun ein übriges. Ein eigenartiges Verhältnis zwischen Spinell und Gabriele entwickelt sich, kein Liebesverhältnis, aber eine gegenseitige Bewunderung, die keine realen Gründe hat, die in einem künstlich geschaffenen Raum ästhetischer Schönheit hängt. Keiner von beiden kennt den anderen wirklich, jeder sieht nur das erhöhte Bild, das er sich von ihm gemacht hat.

„Um in Schwäche und Gehobenheit auf den Wolkenpfühlen zu ruhen, die Herr Spinell ihr dienend vermittelte“, weist Gabriele die Erinnerungen an die Vergangenheit, an die ungeschickte und doch liebevolle Fürsorge ihres derben Gatten und selbst an ihr Kind von sich. Sie lebt, zwischen Fieber und Pausen der Kräftigung schwankend, in der traumhaften Welt, die ihr Spinell bereitet. Das bricht dann verhängnisvoll durch, als sie sich in der aus diesem neuen Gefühl gewonnenen Hoheit, im ersehnten Glanz der königlichen Krone, die ihr Spinell andichtete, in den Traum von Schönheit und tragischer Glückserfüllung treiben läßt. Eines Wintertages veranstaltet das Sanatorium eine Schlittenpartie. Mit Verstimmung erfahren die Patienten, daß Gabriele Klöterjahn sich ausschließt. Ein wenig augenzwinkernd nehmen sie dann zur Kenntnis, daß auch Spinell, dessen Annäherung an Gabriele im engen Zusammenleben des Sanatoriums den anderen nicht verborgen bleiben konnte, nicht mitfährt. In übermütiger Stimmung fährt die Gesellschaft ab. Gabriele bleibt zunächst auf ihrem Zimmer. Am späten Nachmittag geht sie ins Konversationszimmer, in dem ein Klavier steht. Spinell findet sich ein und überredet sie mit nicht allzu großer Mühe, aber doch allem Geschick seines ästhetischen Prophetenwahnes, gegen die ausdrückliche Anordnung der Ärzte, zu spielen. Sie spielt einige Nocturnes Chopins. Auf der Suche nach weiteren Noten findet Spinell mit leidenschaftlicher Erregung den Klavierauszug zu Richard Wagners „Tristan und Isolde“. Ohne lange Überlegung beginnt Gabriele zu spielen. Wortlos lauscht Spinell. Mit ihrem Spiel aber verliert sich Gabriele ganz an die todessüchtige Mystik der Musiktragödie Wagners, in das Gefühl der „Sehnsucht hin zur heiligen Nacht, der ewig einsmachenden“. Sie versteht nicht alles, aber Spinell erklärt es ihr. „Ein geheimnisvoller Zwiegesang vereinigte sie in der namenlosen Hoffnung des Liebestodes, des endlos ungetrennten Umfangenseins im Wunderreiche der Nacht“, „hehres, leidloses Verlöschen im Unermeßlichen“. Das gilt für Tristan und Isolde, aber es wird Wirklichkeit für Gabriele. Einmal wird ihr Spiel unterbrochen. Die Pastorin Höhlenrauch, geistert durch das Konversationszimmer. Aber Gabriele spielt entschlossen Isoldes Liebestod zu Ende. Sie ist angestrengt, die Schatten unter ihren Augen vertiefen sich, sie ist gezeichnet, aber sie spielt bis zum letzten Akkord. Und während draußen bereits die Glocken der Schlitten erklingen, verläßt Spinell das Zimmer. Aber fünfzehn oder zwanzig Schritte von Gabriele entfernt fällt er vor ihr in ehrerbietigster Haltung auf die Knie.

Bald darauf verschlimmert sich Gabrieles Gesundheitszustand bedenklich. Ihr Gatte mit Kind wird herbeigerufen, es ist sicher, daß es mit ihr zu Ende geht. Spinell beobachtet die Ankunft der beiden Klöterjahns. Der überaus gesunde Säugling ist ihm unheimlich. Aber er fühlt, daß er doch etwas tun muß, um die Ehre seiner künstlerischen oder, wenn man will, künstlichen Welt zu retten, in die Gabriele Klöterjahn einzog. Er schreibt einen ausführlichen Brief an Klöterjahn, in dem er ihm klarzumachen versucht, daß er, Gabrieles Gatte, „ein plebejischer Gourmand, ein Bauer mit Geschmack" sei, der seine Frau, „zum Eheweibe, zur Hausfrau, zur Mutter" entwürdige: „Sie erniedrige die müde, scheue und in erhabener Unbrauchbarkeit blühende Schönheit des Todes in den Dienst des gemeinen Alltags und jenes blöden, ungefügen und verächtlichen Götzen, den man die Natur nennt." Er rühmt sich, daß es seine Sorge gewesen ist, wenn „sie dennoch zuletzt sich aus den Tiefen ihrer Erniedrigung erhob und stolz und selig unter dem tödlichen Kusse der Schönheit vergeht". Er schließt seinen sonderbaren Brief mit der Hoffnung, daß es ihm gelungen sei, Klöterjahn in seinem „robusten Gleichmut", in seiner Zuversicht, einen Augenblick ins Wanken gebracht zu haben.

Aber dieser massive Angriff gegen den Bürger, der sich in seiner Welt so wohl und richtig eingeordnet weiß, bleibt ein Schlag ins Wasser. Spinell ließ seinen Brief durch die Post besorgen, die Antwort überbringt ihm Klöterjahn persönlich. Sie wird eine grobe Schimpfkanonade. Spinell muß sich sagen lassen, daß er ein Hanswurst ist. Höchstens aus Gehässigkeit oder Neid sieht er, was anderen Leuten auf verschwiegenen Korridoren begegnet, womit Klöterjahn Spinells Klatsch über seine zufällige Beobachtung des Großkaufmanns mit einem Dienstmädchen des Sanatoriums trifft. Aber seine Rede von „Schönheit" ist nichts als „Bangebüchsigkeit und Duckmäuserei und Neid", er bleibt ein „niederträchtiger Feigling", der sich einbildete, Frau Klöterjahn „Grillen in den Kopf gesetzt zu haben". Wenn es Gabriele nicht gut geht, so eben deshalb, weil sie es auf der Lunge hat. Spinell mit seiner Meinung ist ein Esel. Mit seinem „Geist und Wort" verfolgt er hinterlistige Ziele, er gehört „in die Pfanne" gehauen, er ist „ein hinterlistiger Idiot". Den Phantasien um Gabriele stellt Klöterjahn klipp und klar die Wirklichkeit entgegen. Aber während er noch spricht, wird heftig an die Tür gepocht. Gabriele Klöterjahn liegt im Sterben. Schwerfällig und geschlagen verläßt der eben noch triumphierende Klöterjahn die Stätte seines scheinbar siegreichen Wortgefechtes mit dem Literaten.

Spinell aber faßt sich schnell. Er stärkt sich mit einem Kognak und verläßt dann sein Zimmer, um sich im Freien zu ergehen. Festen Schrittes geht er am verhängten Fenster der toten Gabriele Klöterjahn vorbei. Aber eine neue verhaßte Störung begegnet ihm. Er trifft auf die Wärterin, die den kleinen Klöterjahn im Wägelchen vor sich her schiebt. Der kleine Kerl jauchzt und lacht aus der Überfülle seines kindlichen Lebensdranges. Spinell aber flüchtet. Er muß seine Welt der reinen ästhetischen Schönheit vor so viel plebejischer Gesundheit retten. Er läuft „mit den gewaltsam zögernden Schritten jemandes, der verbergen will, daß er innerlich davonläuft".

3.6 Die erste der Künstlernovellen

Thomas Manns Brief vom 13. Februar 1901 – er berichtet dem Bruder Heinrich hier von Depressionen und Selbsttötungsideen, die ihn in den zurückliegenden Monaten belastet hatten – enthält eine Art Aufschrei: „Ach, die Literatur ist der Tod! Ich werde niemals begreifen, wie man von ihr beherrscht sein kann, ohne sie bitterlich zu hassen. Das Letzte und Beste, was sie mich zu lehren vermag, ist dies: den Tod als eine Möglichkeit aufzufassen, zu ihrem Gegenteil, zum Leben zu gelangen." (a. a. O. S. 70).

Hier klingt das *Thema der „Künstlernovellen"* an, die mit „Tristan" ihren Anfang nehmen und mit dem „Tod in Venedig" ihren glänzenden Höhe- und zugleich Endpunkt finden: „Tristan", „Tonio Kröger" und „Der Tod in Venedig" sind ihre bewunderungswürdigsten Schöpfungen, der „verweste Säugling" Detlev Spinell, der „verirrte Bürger" Tonio Kröger und der „Held der Schwäche" Gustav von Aschenbach ihre markantesten Figuren: „Die drei Gestalten zeichneten gleichsam die Signaturen der eigenen Möglichkeiten auf, Möglichkeiten des Schriftstellers, in unterschiedlichen Orientierungen, in verschiedenen Formen. Es waren sozusagen Grenzformen; zwischen ihnen, in ihrer Mitte lag diejenige Form (oder Orientierung), in deren Medium der Dichter seine Erfüllung finden mochte." (Hermann Stresau, a. a. O. S. 93).

Neu ist dieses Thema nicht für Thomas Mann – wenngleich in sehr allgemeiner Form, hatte es schon die Novellen des Frühwerkes geprägt. Jetzt jedoch ist die Bürger-Künstler-Problematik auf das engste mit Thomas Manns Unbehagen an der eigenen Dichterexistenz verknüpft, wird die Gegensätzlichkeit von Kunst und Leben in der speziellen Ausformung und Zuspitzung dieser Schaffensperiode gestaltet. Ein In-Frage-Stellen, ein Selbstbespiegeln, eine Standortsuche, die zwischen Ironie und Bekenntnis, zwischen tragischer und komischer Behandlung des Themas schwankt, kennzeichnet diesen Abschnitt seiner literarischen Wirksamkeit.

„Parodistische Tendenz" (Matter), „Persiflage" (Hilscher), „komisch-satirisch" (Diersen), „feine und zugleich scharfe Tragikomödie" (Lukács), „der vom Karikieren nicht weit entfernte Humor" (Stresau) oder „Selbstverhöhnung" (Bauer) lauten einige der sekundärliterarischen Charakterisierungsbegriffe, die mit Bezug auf die von Thomas Mann selbst als „Burleske" bezeichnete Tristan-Novelle eingesetzt werden. Sie zielen im Grunde alle auf die „tiefe ironische Form" (Georg Lukács, a. a. O. S. 123), in der hier die Kunst-Leben-Beziehung zur Darstellung gelangt.

Diese schließt missionarische Bekenntnisse aus und sichert Distanziertheit. Der Dichter habe beabsichtigt, die „Thematik in der Heiterkeit ironisch parodierender Kunst aufzulösen. „‚Tristan' ist die ans burleske streifende Komödie nach der Tragödie der Buddenbrooks" konstatiert Hermann Stresau (a. a. O. S. 91).

Die Novelle spielt im **Sanatoriumsmilieu**, welches der Leser mehr als zwanzig Jahre später im „Zauberberg" wiederfinden wird. Die Funktion dieser Ausnahmewelt ist eine doppelte: zum einen liefert sie den Rahmen für die Begegnung von Menschen, die im Alltagsleben einander kaum näher zu kommen vermögen, sie bringt gemeinhin Unvereinbares – Klöterjahn und Spinell – zueinander; zum anderen schafft sie den nötigen Abstand zur gewöhnlichen Welt, um der Selbstisolierung Spinells förderlich zu sein.

Der **Titel** zielt unverhüllt auf **Richard Wagners „Tristan und Isolde"**. Er spielt auf den erzählerischen Höhepunkt der Novelle, die Klavierszene, an. Als nämlich die von Spinell dazu verführte todkranke Gabriele Klöterjahn Isoldes Liebestod in kerzenflackernder Dämmerung auf dem Piano nachvollzogen hat, geht es bei ihr ans Sterben. „Die parodistische Tendenz wird besonders in den sprachlich-stilistischen Fügungen sichtbar, die Thomas Mann aus Wagners Musikwerk übernommen hat" (Harry Matter, a. a. O. S. 464). Aus der Biographie Thomas Manns weiß man um sein besonderes Verhältnis zu Richard Wagner, den er zusammen mit Schopenhauer und Nietzsche zu seinen Leitbildern zählte. Da gibt es die Schülerzeit in Lübeck mit „Tannhäuser" und „Lohengrin" und einem verzückten Thomas

Mann im Parkett; da gibt es in der Münchener Zeit „Tristan und Isolde" – immer wieder im Hoftheater besucht. Wenngleich sich nach der Tristan-Veröffentlichung Thomas Manns Verhältnis zu Wagner allmählich etwas abkühlte – 1905 bezeichnet er die „Walküre" als „erhabenen Lärm" – blieb er doch zeitlebens dem Epischen in Wagners Werk verbunden, der Technik der Leitmotive, symbolischen Verknüpfungen und dem Studium des Stils. Kein Mangel herrscht an Belegen für Wagners Einfluß im literarischen Werk Thomas Manns: den kleinen Herrn Friedemann ereilt die Katastrophe bei Wagnerklängen, Hanno Buddenbrook wird durch sie in „sehnsüchtige Verzweiflung" gestürzt und endlich bringt „Isoldes Liebestod" Frau Gabriele Klöterjahn aufs Totenbett. In gewisser Weise scheint die These gerechtfertigt, die Tristan-Novelle markiere den Anfang eines kritischeren Abstandes von Thomas Mann zu Wagner, denn obwohl er diese Musik bewundert, ihr geradezu „vollständig wehrlos" (I/35) gegenübersteht, bemüht sich die ironische Tristan-Gestaltung deutlich um Distanz, um ein Aufheben der ohnmächtigen Verzückung.

Es geht um eine gewisse Entfernung zu Todessehnsucht und Dekadenzpessimismus. So mangelt es denn über die sprachlich-stilistischen Fügungen wagnerscher Prägung hinaus nicht an Parodistischem: „Im höchsten Augenblick wehrte er (Th. M.) der Ergriffenheit, indem er Wagners stabreimende pathetische Gefühlsschwelgerei parodierte und die Pastorin Höhlenrauch vorbeigeistern ließ." (Eberhard Hilscher, a. a. O. S. 31 f.)

Die Figur des Schriftstellers Detlev Spinell ist ihrer Grundanlage nach ganz und gar die Karikatur eines Làrt-pour-làrt-Poeten. Ihrem Motto gemäß „die Kunst für die Kunst" – der französische Politiker und Philosoph Victor Cousin prägte diesen Ausdruck 1836 – vertreten namhafte Künstler des 19. Jahrhunderts wie Flaubert, Baudelaire, Oscar Wilde oder der junge Stefan George die Anschauung, Kunst sei um ihrer selbst willen da, niemals aber Mittel zum Zweck; d. h. sie sei nicht nach kunstfremden Grundsätzen zu beurteilen, besonders nicht nach sittlichen. Damit war eine dem Leben entfremdete, stark sinnbildhafte, das Formale überbetonende Kunstauffassung ideell gerechtfertigt.

Kein Zweifel – Detlev Spinell ist ein Wesen dieser Schule, und kein sehr sympathisches. Vom bartlosen Blaßgesicht über die kariösen Zähne bis zu seinen überdimensionierten Füßen wird jemand vorgeführt, der die einprägsam-boshafte Kennzeichnung als „verwester Säugling" nicht nur äußerlich zu rechtfertigen scheint, sondern auch durch widerwärtiges Betragen herausgefordert haben mag. Eigentlich ungesellig, überraschend aber auch einmal höchst zudringlich – einen verlogenen Ästhetizismus fahnengleich vor sich her tragend, aber zu menschlich-fühlsamen Kontakten außerstande, bewegt er sich durch „Einfrieds" Ausnahmewelt, als „ein exzentrischer Mensch, der den Namen irgendeines Minerals oder Edelsteins führt und hier dem Herrgott die Tage stiehlt". Der Spinell ist ein lebhaft glänzendes Mineral, das in der Hauptsache aus Tonerde und Magnesia besteht. Es gibt ihn in zum Edelsteinschleifen geeigneter und in minderwertiger Qualität. Der Gedanke liegt nahe, daß neben dem Wohlklang des Wortes dieser Umstand einer der Gründe für die Wahl dieses Namens gewesen sein könnte.

Spinells dichterisches Werk besteht aus einem einzigen schmalen Band mit „unmenschlich langweilig(em)" Inhalt, vorzugsweise der Beschreibung gegenständlicher Kostbarkeiten, aber höchst pompöser Aufmachung. Obgleich er viel schreibt, ist Produktion von ihm nicht bekannt und nicht zu erwarten: „Herr Spinell, der den Eindruck erweckt, als falle den Schriftstellern das Schreiben schwerer als anderen Leuten, ist die ins Groteske gesteigerte Persiflage eines im damaligen Deutschland verbreiteten Literatentyps. Auch er trägt eine Doppelmaske wie Tonio Kröger, doch ist Spinells Gespaltenheit bis zur Karikatur überspitzt: er ist Ästhet und Sittenrichter auf der einen Seite, auf der anderen, schlecht verborgenen, enthüllt er sich als moralischer Außenseiter und seelischer Prostitué. In so vertraulichen wie beredten Geständnissen offenbart er sich dem blonden Nichts in der Gestalt seiner Angebeteten, jener zärtlichen Gestalt von einer hauchdünnen Vitalität, auf die der Gatte, der Großhändler Klöterjahn aus Bremen, seine Besitzrechte gnadenlos und grobschlächtig geltend macht ..." (Arnold Bauer, a. a. O. S. 36).

Die komisch-satirische Behandlung des Künstler-Bürger-Themas ist auf die Spinell-Gestalt projiziert: „... der vom Karikieren nicht weit entfernte Humor betätigt sich auf Kosten dieser verwischten Persönlichkeit mit dem wunderlichen Aussehen und dem feierlichen, sich selbst zelebrierenden Gehabe" (Hermann Stresau, a. a. O. S. 89). Spinell lebt nicht etwa im Sanatorium, weil er krank wäre, sondern die gediegene Empire-Einrichtung des Hauses hebt sein Wohlbefinden. Er steht morgens früh auf, nicht weil er es gern hat, sondern gerade weil er ein Langschläfer ist und sich auf diese Weise ein gutes Gewissen verschaffen möchte gegenüber der eigenen Schwäche. Hier klingt deutlich das für Gustav von Aschenbach so bedeutsame Haltungsmotiv an. Es entspricht seinem Wesen, die Dinge mehr zu lieben als die Menschen, die Wirklichkeit zu verachten und das Leben – vor allem, wenn es in seiner natürlichsten Form an ihn herantritt – haßvoll zu ignorieren. Es gehört zum Charakter seines „Künstlertums", der Wirklichkeit auszuweichen, an ihre Stelle den durch die eigene Phantasie gefilterten Abglanz dieser Wirklichkeit zu setzen. „Er haßt alles Nützliche, leidet aber im Grunde an der Unnützlichkeit der eigenen Existenz: ein später und sehr bewußter Nachfahr jener Romantiker, die, von der Poesie lebend, ihr Gleichgewicht verloren hatten. Nur weiß Herr Spinell diesem Sachverhalt mit einer ‚gewissen hygienischen Strenge der Lebensführung zu begegnen', mit Maßnahmen, die ihn fast zu einer formalen Existenz machen", erklärt Hermann Stresau (a. a. O., S. 89).

Die **Fabel der Novelle** schreitet fort entsprechend der Annäherung Spinells an Gabriele Klöterjahn. Handlungsträger der schließlichen **Konfliktaustragung** zwischen der Seite des Bürgerlebens und der Kunst-Welt sind Herr Klöterjahn und Detlev Spinell.

Das Erscheinen der zarten Frau Gabriele erschüttert Spinells ästhetisches Feingefühl. Sie wirkt auf ihn ungeheuer anziehend – nicht etwa als Objekt erotischen Begehrens, ja noch nicht einmal im Sinne menschlicher Sympathie – sondern ausschließlich als eine Art menschlicher „Kunstgegenstand", als jemand, bei dessen Anblick ein Spinell-Jünger sein „Wie schön!" ausrufen möchte. So bleibt es nicht aus, daß Spinell sehr bald dazu übergeht, kleine Korrekturen an der Lebenswirklichkeit der Gabriele Klöterjahn anzubringen, um sie dem in seiner Ästhetenphantasie abgebildeten Erscheinungsbild anzupassen. Die erste Stufe der Umformung richtet sich gegen ihren Namen, dessen disharmonischer Mißklang – Gabriele, schwingend und melodisch, Klöterjahn, rauh und plump – allerdings von barbarischer Natur ist. Am Rande sei angemerkt, daß Namensklang und Namenssymbolik zu den häufig eingesetzten Gestaltungsmitteln im Werk Thomas Manns zählen. Die südländisch-nordische Kombination von Tonio Kröger ist ein naheliegendes Beispiel.

Es schließt sich an, daß Spinell Jugenderlebnisse Frau Gabrieles ins Romantische umdeutet: die Runde der Freundinnen am Brunnen sollte gesungen haben, statt profan zu häkeln; und ihr selbst schwatzt er gar eine heimliche Krone ins Jungmädchenhaar. Mit Geschick und List gelingt es ihm, die ungefestigte Seelenlage der labilen Gabriele für seine Umformungsabsichten zu nutzen. Zwischen ihr und Herrn Klöterjahn tun sich – fast unmerklich zunächst – feine Risse auf. Spinells Werk gelingt, und es findet seinen Höhepunkt in der Verführung der todkranken Frau zur „Todesschönheit". Trotz ausdrücklichen Verbotes durch die Ärzte läßt sie sich auf Spinells Drängen herbei, Klavier zu spielen – Chopin zunächst, und dann Richard Wagner. Der musikalische Rausch durch „Tristan und Isolde" ist das Ergebnis Spinellscher Verführung, aber dies hat mit Verführung in üblicher Weise nichts zu tun. Zur Liebe im irdischen Sinne scheint der wirklichkeitsentfremdete Poet keineswegs fähig. Seine Verführungskünste richten sich auf eine überwirkliche Gefühlswelt der romantisch- schwelgenden Todessehnsucht. Die Aufregung der Gefühle muß für Frau Gabriele der Anfang vom Ende gewesen sein, denn zwei Tage später sieht sich die Anstaltsleitung genötigt, Ehemann und Kind telgraphisch herbeizurufen. Spinell indessen erfreut sich ausgezeichneter Gesundheit. Er hat sein ästhetisches Ziel erreicht. Die Folgen für den konkreten Menschen Gabriele Klöterjahn bleiben für ihn außer Betracht. So zeigt er angesichts des Todeskampfes der Gefährtin aus gefühlsseliger Stunde keinerlei Rührung.

Das Auftauchen ihres Ehemannes und mit diesem des gesunden, kleinen Anton Klöterjahn veranlaßt Spinell zu seinem aggressiven Brief an Gabrieles Gatten. Er hat Mühe, ihn zu formulieren, obgleich Gegenteiliges im Text behauptet wird. Verteidigt werden die Positionen der Dekadenz, der Weltabgewandtheit gegenüber dem Leben. Seinen Höhepunkt erreicht der Brief mit dem Bekenntnis, der Schreiber hasse den Adressaten und sein Kind wie er nur noch das Leben selber hassen könne. Neben einer wahren Sammlung von feingedrechselten Unverschämtheiten enthält das Papier beeindruckende Beweise für die grundsätzliche Verlogenheit des gekünstelten Künstlerdaseins des Poeten Spinell. Da müssen die Brunnenjungfern wieder singen, obwohl sie doch gehäkelt haben. In abgewandelter Form taucht die Krone der Gabriele wieder auf, und die Verblasenheit der Sprache mit der die Kaufmannsfamilie Eckhof konterfeit wird, sucht sogar in der Trivialliteratur wohl ihresgleichen. Der Briefschreiber ignoriert die Wirklichkeit. Gabriele ist für ihn in die Klöterjahnverbindung hineingezwungen worden – obwohl er vom Gegenteil aus ihrem eigenen Munde gehört hat. Am entlarvendsten aber dürfte wohl die Tatsache sein, daß er ungehemmt von Todesschönheit faselt, wo wenige Zimmer weiter ganz und gar wirklich gestorben wird: „Hier mündet der verlogene Ästhetizismus Spinells in Inhumanität" (Inge Diersen, Untersuchungen, a. a. O. S. 58).

Als Tatmensch tritt Klöterjahn in Spinells Refugium, um ihm die gebührende Antwort auf den postalisch zugestellten Brief persönlich zu erteilen. Hanswurst, großer Feigling, Bangebüchsigkeit, Duckmäuserei, Jammermensch, Esel, hinterlistiger Idiot, hergelaufener Bummler und was dergleichen Liebenswürdigkeiten mehr sind, umreißen etwa das Bild, was der Kaufmann von seinem Widersacher zeichnet. Und wieder stehen die Jungfrauen am Brunnen in Rede. Es zeigt sich, daß sie nicht gesungen, ja nicht einmal gehäkelt, sondern ländlich-sittlich gestrickt und über Kartoffelpufferrezepte geredet haben. Noch ist die Schimpfkanonade nicht vorbei, da wird Klöterjahn zu seiner sterbenden Frau gerufen.

Spinell will sich von der Plumpheit dieses Erlebnisses im Garten erholen. Doch dazu kommt es nicht. Vor der wohlig jauchzenden Kindlichkeit des kleinen Anton Klöterjahn ergreift der Poet die Flucht – auf ihm unerträgliche Weise vom Leben tangiert.

Der Schluß ist unverhüllt satirisch, aber er enthält auch eine **tragische Komponente.** Immerhin ist dieses Zerrbild eines Dichters Spinell nicht nur die belächelnswerte Figur, welche vor den Attacken des Biedermannes Klöterjahn und den Lebensäußerungen des kleinen Anton davonläuft. Er ist auch zumindest mitschuldig am wirklichen Tod der jungen Frau. Daß das Leben in Gestalt zweier vergleichsweise bedeutungsloser Gegner obsiegt hat, darf den Blick für das Tragisch-Gefährliche der Spinell-Gestalt nicht verstellen: „Wenn das Makabre hier einen stark ironisch-humoristischen Aspekt erhält, so dadurch, daß die Tristan-Musik mit ihrem verzehrenden Zauber in hoffnungslosen Gegensatz tritt zum Leben in seiner banalsten Erscheinung, personifiziert in Herrn Klöterjahn und seinem zweijährigen Sohn . . ." (Hermann Stresau, a. a. O. S. 88).

Nachdem im Kapitel „Zum Novellenschaffen Thomas Manns" auf die Erzählperspektive der Tristan-Novelle eingegangen worden ist, sollen einige abschließende Betrachtungen ihrem Stil gelten. **Die Sprache** des „Tristan" ist der des „Simplicissimus" nahe, dessen Redaktion Thomas Mann von 1898–1899 angehört hatte. Sie wird der komischsatirischen Behandlung des Künstler-Bürger-Themas gerecht und bevorzugt das meisterlich gehandhabte Stilmittel der Ironie. Und auch diese banale Feststellung sei erlaubt: Das Ganze liest sich ausgesprochen vergnüglich – auch für den streßgeplagten Neuzeitmenschen. Sätze wie diese stehen dafür: „Ein diabetischer General verzehrt hier unter immerwährendem Murren seine Pension", oder „Fräulein von Osterloh hatte es in einer müßigen Viertelstunde gelesen und fand es ‚raffiniert', was ihre Form war, das Urteil ‚unmenschlich langweilig' zu umschreiben".

Die Musik hat offenkundig nicht nur den Aufbau der gesamten Erzählung befruchtet, nicht nur die „verdichtetste Stimmung" (Stresau) der Szene im Konversationszimmer beeinflußt, sondern auch bis hinein in die Sprache gewirkt, was Arnold Bauer zu nachfolgender Darlegung veranlaßte: „Deutlicher noch als in anderen seiner Frühwerke hat im ‚Tristan' die Musik als stilbildende Macht auf Thomas Manns Produktion eingewirkt, auch in diesem Bezug romantischem Geist zugeneigt. Aus der Anwendung musikalischer Stilgesetze erklärt der Dichter in seinem ‚Lebensabriß' die ans Pedantische grenzende Gründlichkeit und vor allem die Langsamkeit seiner Arbeitsweise: ‚Es handelt sich dabei weder um Ängstlichkeit noch um Trägheit, sondern um ein außerordentlich lebhaftes Verantwortungsgefühl bei der Wahl jedes Wortes, der Prägung jeder Phrase – ein Verantwortungsgefühl, das nach vollkommener Frische verlangt, und mit dem man nach der zweiten Arbeitsstunde lieber keinen mehr irgend wichtigen Satz unternimmt . . ." (Arnold Bauer, a. a. O. S. 37).

3.7 Die Klavier-Szene

Thomas Mann hat den Zugang zu Wagners Musik wesentlich über „Tristan und Isolde" gefunden. Die Todesmystik dieses Werkes muß ihn tief beeindruckt haben, ihm darüber hinaus auch ein Weg zur Romantik geworden sein. Gewiß hat Thomas Mann in seiner unter Dichtern seltenen Musikalität sich Wagners gesamtes Werk zu eigen gemacht, auch alles, was ganz anders geartet ist als „Tristan". Aber in seinen frühen Werken wird „Tristan und Isolde", nach Tonio Kröger ein „so morbides und tief zweideutiges Werk", das zu seinem Erstaunen beim Publikum „Gehobenheit, Gestärktsein, warme, rechtschaffene Begeisterung" hervorruft, häufiger genannt als jedes andere. Es ist das eigentliche Zeugnis des fortwirkenden romantischen Geistes, zu dem Thomas Manns frühe Zeit nicht mehr den Zugang über den Universalismus und Optimismus der aufbrechenden Romantik, sondern über Novalis mit seiner Dichtung vom Tode als der geheimnisvollen Pforte zu einem höheren, gottinnigeren Leben, von der Nacht als dem Reiche der unendlichen Poesie, der absoluten Schönheit, der mystischen Vereinigung mit der allumfassenden Liebe Gottes fand. Aber diese ursprüngliche romantische Idee wurde gegen Ende des 19. Jahrhunderts des ursprünglichen religiösen Sinnes entkleidet, sie wurde säkularisiert, ästhetisch. Was blieb, vermögen August von Platens Verse, die Bauer (S. 42) zitiert, am ehesten zu umreißen:

> „Wer die Schönheit angeschaut mit Augen,
> Ist dem Tode schon anheimgegeben.“

Durch Wagner erst aber wird in diesem neu- oder spätromantischen Weltbild die Idee des Todesrausches, der mystischen Versunkenheit in ein dem Tode verwandtes Reich der reinen, erträumten Schönheit der Nacht wirksam. Der Mensch flieht aus der im grellen Licht liegenden Wirklichkeit in das dunkle innere Reich der schönen Träume, der Selbstaufgabe, in den „Liebestod“, wie ihn Wagner im „Tristan“ Form werden ließ.

Aus diesem Erleben der „Tristan“-Musik erwächst die umfangreiche Szene am Klavier in der Novelle, die von dem munteren und geräuschvollen, frohen Treiben der zur Schlittenfahrt ausziehenden und von ihr heimkehrenden Patienten umrahmt ist. Diese Szene hat der Novelle auch den Titel gegeben, sie ist der eigentliche Mittelpunkt des Werkes. Es handelt sich zunächst um eine genaue Analyse des Wagnerschen Werkes oder wenigstens seiner wesentlichen Teile durch das dichterische Wort. Aber diese Analyse ist immer auf das engste mit der Wesensart, der Lage und dem Schicksal der beiden Hauptgestalten, Spinells und Gabrieles, verbunden. Die Musik wird für sie zur Verkündigung in einer Art religiösen Sinnes erhöht. Dem folgt die Sprache, wenn es etwa heißt: „Sie spielte mit preziöser Andacht, verharrte gläubig bei jedem Gebilde und hob demütig und demonstrativ das Einzelne hervor, wie der Priester das Allerheiligste über sein Haupt hebt.“ Schon von dem Augenblick an, da Spinell zufällig die Noten entdeckt, liegt eine eigentümliche, dem ironisch realistischen Ton der Novelle ganz entgegengesetzte Unruhe über dieser

Szene: „Nicht möglich! ... Es ist nicht wahr! ... Und dennoch täusche ich mich nicht! ... Wissen Sie, was es ist? ... Was hier lag? ... Was ich hier halte?" Gabriele aber antwortet einfach: „Wahrhaftig? Wie kommt das hierher? Also geben Sie!" Und sie setzt sich hin und spielt.

Die Szene kommt aber nicht von ungefähr, nicht zufällig, sie ist nur möglich, weil Gabriele bereits auf sie vorbereitet ist. Das Ehepaar Klöterjahn bildet einen seltsamen Gegensatz, derb, vierschrötig, voll Lebenskraft und Lebenslust der Gatte, schwach, krank und „von der abendlichen Verklärung des Verfalls" gezeichnet die Frau. Als sie in „Einfried" aus der Kutsche steigt, scheint es, als ob selbst der Kutscher, ein „roher, unbewußter Mann ohne Feingefühl" ängstlich diesen Vorgang verfolge, ja, daß sogar die Pferde zurückschauen „voll Besorgnis für so viel schwache Grazie und zarten Liebreiz". Die schweren Woll- und Samtstoffe, die sie trägt, lassen „die unsägliche Zartheit, Süßigkeit und Mattigkeit des Köpfchens nur noch rührender, unirdischer und lieblicher erscheinen". Auffallend ist über dem Auge ein seltsam blaßblaues Äderchen, das sich verstärkt, wenn sie spricht. Auch ihre äußere Erscheinung wirkt so anmutig, grazil und klar, sie ist dennoch von der tödlichen Krankheit gezeichnet. Es bleibt durchaus anzunehmen, daß sie, als sie vor zwei Jahren ihre Ehe mit Klöterjahn gegen den Widerstand ihrer Eltern durchsetzte, eine brave Bürgersfrau war, die sich um das, was Leute wie Spinell Schönheit nannten, nicht kümmerte, nichts davon verstand und auch nichts davon brauchte, da ihr Lebenskreis ausgefüllt war. Sie hatte Klöterjahn einen Sohn von ungewöhnlicher Gesundheit geschenkt. Aber diese Geburt hatte ihre an sich nicht großen Kräfte überspannt, seitdem ist sie krank, „äußerst verarmt an Lebenskräften". Sie blieb ihrem Gatten von Herzen zugetan, folgte lächend seinen Worten und Bewegungen, und zwar in einer Weise, die deutlich ihr Vertrauen zu seiner plumpen Fürsorge und seinen „zuversichtlichen Lebensäußerungen" verriet.

Jedoch nach der Abreise des Gatten zeigt sie sich empfänglich für die Bewunderung Spinells, sie versucht, seine abwegigen Gedanken zu verstehen, ihm in das Reich der schönen schmerzlosen und leichten Träume zu folgen. Sie hat sehr viel Zeit zum Nachdenken, während sich ihr Gesundheitszustand trotz des Luftwechsels und der Kur verschlechtert. Und je schwächer sie wird, um so mehr ist sie geneigt, sich von den Traumvorstellungen Spinells einfangen zu lassen.

Seine scheue, zartfühlende Bewunderung, die so ganz anders ist als alles, was sie bisher kannte, die so ganz im Geistigen bleibt, schmeichelt ihr. Sie glaubt an die „kleine goldene Krone, ganz unscheinbar, aber bedeutungsvoll", die Spinell über ihrem Haupt blinken sieht. Seine fast biblische Ausdrucksweise hebt auch ihren Alltag in höhere Sphären. Manchmal erinnert sie sich noch der unbeholfen treuherzigen Besorgnis ihres Gatten, seines „take care, mein Engel". Aber „sie wendet sich rasch von diesen Erinnerungen ab, um in Schwäche und Gehobenheit auf den Wolkenpfühlen zu ruhen, die Herr Spinell ihr dienend bereitete".

So ist Gabriele herangereift für das Experiment, das Spinell mit ihr vorhat, für die Probe auf die Macht des Ästhetischen, der reinen Schönheit. Gabriele, der jegliches Klavierspiel verboten ist, spielt Wagners „Tristan". Sie erlebt die mystische Todessehnsucht, das Glück „der Vereinigung im ewigen Jenseits der Dinge". Und was sie nicht versteht, erklärt ihr Spinell. Zweimal bricht banalste Wirklichkeit in diesen Rausch entrückten Gefühls, das erste Mal, als bei der Rätin Spatz „die Langeweile jenen Grad erreicht hatte, wo sie des Menschen Antlitz entstellt", . . . aber auch ihre Magennerven „in Angstzustände" versetzt. Die zweite, viel düsterere, beziehungsreichere Unterbrechung bringt unmittelbar vor Isoldes Liebestod die Pastorin Höhlenrauch, deren Leitmotiv lautet: „die neunzehn Kinder zur Welt gebracht hatte und keines Gedankens mehr fähig war", die auch dem Namen nach Sinnbild ist. Wie eine Warnung geistert sie durch das Zimmer. Aber Gabriele spielt entschlossen weiter und zu Ende. Während draußen die Schellen bereits die Heimkehr der Schlittenpartie ankündigen, macht Spinell vor ihr in respektvoller Entfernung einen Kniefall, der nach den Vorbereitungen gründlich einstudiert ist. Von Gabriele aber heißt es: „Sie saß, die Hände im Schoße vornübergelehnt, vom Klavier abgewandt, und blickte ihn an. Ein ungewisses und bedrängtes Lächeln lag auf ihrem Gesicht, und ihre Augen spähten sinnend und so mühsam ins Halbdunkel, daß sie eine kleine Neigung zum Verschließen zeigten."

Wenige Tage später stirbt Gabriele. Natürlich ist ihre zu spät erkannte und deshalb anfangs vernachlässigte Lungentuberkulose die Ursache ihres Todes. Aber es bleibt die Frage, ob ihr Ende, wie Spinell in seinem Brief an Klöterjahn schreibt, nicht doch auch „eine rührende und friedvolle Apotheose, getaucht in die abendliche Verklärung des Verfalls, der Auflösung und des Verlöschens" war. „Ein altes Geschlecht, zu müde bereits und zu edel zur Tat und zum Leben", so sieht es Spinell, „steht am Ende seiner Tage, und seine letzten Äußerungen sind Laute der Kunst, ein paar Geigentöne voll von der wissenden Wehmut der Sterbensreife ...". Diese „Sterbensreife" erweckt aber erst Spinell in der schwachen, lebensuntüchtig gewordenen und dennoch glücksüchtigen Gabriele, als er in ihr „ein nie gekanntes Interesse für ihr eigenes Sein" hervorrief. Erst durch seine inhumane Einwirkung ging sie auf in die Mystik der Todessehnsucht und der Liebe zum Reiche der Nacht. Gewiß ist die Tuberkulose um die Jahrhundertwende noch eine alle Stände dezimierende Seuche, aber die Frage, die bleibt, ist, ob die Lebensfeindlichkeit eines großen Teiles der Dichtung dieser Seuche nicht Vorschub geleistet hat, ob nicht der gebrochene Lebenswille eine notwendige Voraussetzung für das verheerende Wirken einer solchen Seuche ist. Gewiß ist Spinells Brief an Klöterjahn erklärtermaßen ein Racheakt, der Versuch des schwachen Geistes, am starken Leben Rache zu nehmen. Natürlich verfehlt er völlig die Absicht, Klöterjahn „betroffen zu machen, ihn eine fremde Macht spüren zu lassen, seinen robusten Gleichmut einen Augenblick ins Wanken zu bringen". Klöterjahn erkennt nur die verlogen phantastische Unwirklichkeit der Vorstellungen Spinells, die Verwirrung von realer und irrealer Welt, und so ist dieser für ihn ein „blöder Idiot".

Der Gegensatz bleibt unversöhnlich, Spinell und Klöterjahn können im Grunde gar nicht miteinander reden, weil Worte und Begriffe jedem aus der Abgeschlossenheit seiner Welt etwas anderes sind.

4. Tonio Kröger

4.1 Die Entstehung des „Tonio Kröger“

Die Künstler-Problematik lebt schon in Thomas Manns frühen Novellen, von den „Buddenbrooks“ ganz zu schweigen. Ihre Helden weichen ab von den bürgerlichen Lebensnormen und nähern sich den Künsten an – teils produzierend, teils konsumierend; wie etwa der kleine Herr Friedemann als beharrlicher Konzert- und Operngast, der Bajazzo, vielfältigen Anlagen und Neigungen ausgeliefert oder Hanno Buddenbrook in rauschhafter Musikbesessenheit.

Die ein wenig zugespitzte Formulierung, in Tonio Kröger habe man einen am Leben gebliebenen Hanno vor sich, wird durch Thomas Mann selbst gestützt, wenn er in einem Brief vom 1. März 1923 an Felix Bertaux die Novelle als eine Art autobiographische Fortführung des Familienromans bezeichnet. Nicht wenige Belegstellen aus des Dichters Briefwechsel zeigen bis in die Altersjahre hinein, daß „Tonio Kröger“ in der Tat sein „literarisches Lieblingskind“ (Vortrag „On Myself“ 1940, ursprünglich in „Lebensabriß 1930“) gewesen ist und daß man ihn keineswegs zu Unrecht rangähnlich an die Seite von Goethes „Werther“ gestellt hat: „Der Gegensatz von Geist und Leben war in dem Bürger-Roman schon latent. Er wurde zu dem mit liebevoller Ironie umspielten Hauptmotiv der Geschichte, die noch heute vielleicht meinem Herzen am nächsten steht und noch immer von jungen Leuten geliebt wird, des ‚Tonio Kröger‘ . . . Ich schrieb sie sehr langsam, und besonders das lyrisch-essayistische Mittelstück, das Gespräch mit der – durchaus erfundenen – russischen Freundin Lisaweta, kostete mich Monate . . . Die Erzählung hat vor dem ihr nächstverwandten ‚Tod in Venedig‘ den Schmelz jugendlicher Lyrik voraus, und rein künstlerisch genommen, mögen es ihre musikalischen Eigenschaften sein, die ihr Sympathien gewannen. Zum ersten Mal war die epische Komposition hier als geistiges Themengewebe, als symphonischer Beziehungskomplex verstanden, wie es später, in größerem Maßstabe, beim ‚Zauberberg‘ geschah. Vor allem war im ‚Tonio‘ das sprachliche ‚Leitmotiv‘ nicht mehr, wie noch in ‚Buddenbrooks‘, bloß naturalistisch, rein äußerlich deskriptiv gehandhabt, sondern hatte eine ideelle Gefühlstransparenz gewonnen, die es entmechanisierte und ins Musikalische hob.

Es ist eine rein literaturgeschichtliche Feststellung, wenn ich hinzufüge, daß diese Art, die Erzählung zu vergeistigen, mich in eine gewisse Distanz zu dem herrschenden, geistig untransparenten, massiven Naturalismus jener Zeit brachte, Selbstverständlich hat er auch mich beeinflußt, aber ‚Tonio Kröger' zeigt an, daß ich, mit einigen anderen Weggenossen, ihn schon überwunden hatte, als er sich noch auf seinem Höhepunkt befand. Zu meiner Freude habe ich die Erfahrung gemacht, daß dieses mein literarisches Lieblingskind, so viele Generationen inzwischen herangewachsen sind und so sehr der Jugendtypus sich geändert haben mag, doch immer wieder junge Menschen angesprochen hat – weil sie sich darin wiederfanden. Das ist kein Wunder, denn es ist ein typisches Jugendwerk, mit seiner Hamlet-Melancholie, seinem ‚Erkenntnisekel': erfüllt von der gleichen geistigen und moralischen Empfindlichkeit gegen die gemeine Realität der Welt, mit der auch in der gleichzeitig entstandenen, weniger persönlich gefärbten Erzählung „Tristan" das gleiche Thema variiert ist: die verschämte Liebe des Geistigen zum platten, gesunden Leben; eine Liebe, gemischt aus Sehnsucht, schwermütigem Neid und ein klein wenig Verachtung . . ." (Hans Wysling, Band 3, S. 81 f.). Soweit uns dieser Ausschnitt aus dem Vortrag „On Myself" als Bestätigung dafür zu dienen vermag, daß „Tonio" und „Tristan" weniger nacheinander als miteinander entstanden sind, rundet er auch das Kapitel „Die Entstehung der Novelle „Tristan" ab.

Hans Wysling hat die Ergebnisse akribischer Quellenforschung zum „Tonio Kröger" in neun Feststellungen zusammengefaßt:

„1. Die frühesten Notizen zu ‚Tonio Kröger' sind kurz nach Thomas Manns Dänemarkreise fixiert worden (vor Weihnachten 1899). Alle diese Notizen beziehen sich auf das Gespräch über Literatur.
2. Nach dem Brief vom 29. 9. 1900 darf vermutet werden, daß Thomas Mann nach Vollendung der ‚Buddenbrooks' mit der Niederschrift der Novelle begonnen hat. Sie war als Stimmungsnovelle in Storms Manier geplant.
3. Die Arbeit wurde unterbrochen, als sich bei der Komposition des Gesprächs über Literatur unerwartet große Schwierigkeiten einstellten. Die Dominanz dieses Themas war damals so stark, daß

Thomas Mann daran dachte, der Novelle den Titel ‚Literatur' zu geben (Brief vom 13. 2. 1901 an Heinrich Mann).

4. Nach dem Abschluß des ‚Tristan' scheint sich Thomas Mann mit der Fortsetzung der Novelle befaßt zu haben; jedenfalls berichtet er im ‚Lebensabriß' davon, daß er das Manuskript zu einem seiner wiederholten Kuraufenthalte in Riva mitgenommen habe (XI 115).
5. Tonios Liebe zu Hans Hansen und Inge Holm erhielt in den Jahren 1901/02 eine neue Gefühlsintensität durch die Begegnung mit Paul Ehrenberg; die Freundschaft mit diesem ist als gesteigerte Wiederholung der Freundschaft zum Mitschüler Armin Martens aufzufassen (19. 3. 1955 an Hermann Lage).
6. Die Spannung zwischen nordischer Gefühlstiefe und Moralität einerseits und dem gewissenlos-abenteuerlichen Belezza-Kult andererseits gewann durch den Italienaufenthalt vom Mai 1901 an Intensität.
7. Zu einer Fortführung der Arbeit kam es erst im Sommer 1902 (Briefe vom 1. und 2. 6. 1902 an Paul Ehrenberg und Kurt Martens). In jener Zeit mag, als Gelegenheitsarbeit, die kleine Novelle ‚Die Hungernden' entstanden sein.
8. Bei der Wiederaufnahme der Arbeit hat Thomas Mann wohl zuerst die Urfassung der Kindheitskapitel neu geschrieben (Übergang von der Tage-Fassung zur Hans-Hansen-Fassung).
9. Die Hauptschwierigkeit bei der Fortführung der Novelle bestand nach wie vor darin, einen Stilbruch zwischen den von nordischer Gefühlswärme durchströmten Kindheitskapiteln und der an Nietzsche genährten psychologistisch-kalten Literatenanalyse zu vermeiden. Diesem Zweck hatten die überleitenden Kapitel 3 und 5 zu dienen. In den Schlußkapiteln (Reise ‚gen Norden', ins Land der Kindheit) konnte Thomas Mann den nordischen Gefühlston wieder aufnehmen, der ja schon im ersten Teil, im Tanzkurskapitel, von satirischen Lichtern durchblitzt war. Hermann Bangs wehmütig-ironische Kadenzen entsprachen im Ton genau der von Thomas Mann versuchten Vereinigung von Storm und Nietzsche; sie begleiteten die Arbeit an den letzten Kapiteln." (Hans Wysling, Band 1, S. 62 f.).

Im Sommer 1902 – die „Buddenbrooks" befinden sich inzwischen nicht nur literarisch, sondern auch buchhändlerisch auf Erfolgskurs – beginnt Thomas Mann nach langer Pause, sich wieder ernsthaft mit dem Novellenstoff zu beschäftigen. Im November des gleichen Jahres ist die Arbeit endgültig abgeschlossen. „Tonio Kröger" erscheint im Februar 1903 in der „Neuen Deutschen Rundschau". In Buchform erscheint die Novelle als Teil der Sammlung „Tristan" im Frühjahr 1903 bei S. Fischer. Zehn Jahre später eröffnet der Verlag mit „Tonio Kröger" die Reihe „Fischers Illustrierte Bücher". Achtzehn Zeichnungen von Erich M. Simon sind dem Text Thomas Manns beigegeben.

4.2 Tonio Kröger

Die Seitenzählung folgt der Fischer-Taschenbuchausgabe Nr. 1381

S. 15: **Exerzitium:** Klassenarbeit

S. 19: **„j'ai l'honneur** de me vous répresenter ... mon nom est Knaak": Ich habe die Ehre, mich Ihnen vorzustellen, mein Name ist Knaak.

S. 19: **Talkum:** weiches Mineral, das man auf den Boden streut, um ihn als Tanzfläche glatt zu machen.

S. 21: **„Compliment!** Moulinet des dames! Tour de main!": Verbeugung! Kleine Mühle der Damen! Wanderkette bilden! Figuren aus der Quadrille.

„En arrière!": zurück!

S. 21: **„Folgmädchen, Weingelee, Plumcake":** Zweidienstmädchen, eine Art Traubensaft, Rosinenkuchen.

S. 27: **Schellingstraße:** im Münchener Künstlerviertel Schwabing.

S. 29: **trivial:** alltäglich, platt.

S. 30: **stimulieren:** anregen, anreizen.

S. 31: „jene **präparierten** päpstlichen **Sänger**": gemeint sind Kastraten, die immer die hohe Stimme behielten, aber aus Wachstum und Übung ungewöhnliche Atemkraft entwickelten.

S. 31: **Papyros:** russische Zigaretten mit langem Pappmundstück.

Separation: Abtrennung.

Attaché: Anwärter für den diplomatischen Dienst bei einer Gesandtschaft oder Botschaft.

S. 32: **sublim:** erhaben.

S. 33: **morbide:** krankhaft, vom Verfall gezeichnet.

Horatio: der Freund und Vertraute Hamlets in Shakespeares Tragödie.

S. 35: **Scharlatan:** Pfuscher, Kurpfuscher, übertragen auch hohler Schwätzer.

kein **Nihilist;** Nihilismus = polemische Bezeichnung in verschiedenem Sinne. Nach Nietzsche, dessen Ansicht Tonio Kröger meint, ist es der Zustand, der sich aus dem Verfall des Glaubens an die alten Wert- und Sinnsetzungen ergibt.

Cesare Borgia: (1475–1507), der Typ eines Gewaltmenschen der Renaissance. Ursprünglich Kardinal, dann Söldnerführer (Condottiere). Er vernichtete zahlreiche kleine Feudalherren und Stadtherrschaften und bereitete damit die Neuaufrichtung des Kirchenstaates unter Papst Julius II. vor. Als glänzender, aber auch rücksichtsloser Typ des Machtmenschen, dem jedes Mittel, selbst Mord in der eigenen Familie, recht war, wurde er das Vorbild für Niccolo Machiavellis „Principe". Mit der „trunkenen Philosophie" ist die reine Erhebung des von jeder moralischen Bindung freien Machtstrebens gemeint.

S. 38: **bellezza:** italienisch: Schönheit.

S. 39: **Kronborg:** dänisches Königsschloß bei Helsingör, Ort der Hamlet-Handlung.

S. 41: **hierarchisch:** eigentlich die Rangfolge des Klerus in der katholischen Kirche, übertragen auch jede auf dem Grundsatz der Über- und Unterordnung von Höheren und Niedrigeren aufgebaute Organisation.

Rosette: Schleife.

S. 48: **Porteföhch:** entstellt aus Portefeuille = Brieftasche.

S. 50: **kosmologisch:** naturphilosophische Lehre vom Weltganzen und der Weltordnung.

S. 53: **Thorwaldsen:** Bertel Th. (1784–1844), Bildhauer, der Meister des dänischen Klassizismus.

S. 54: **Aquavit:** wörtlich: Lebenswasser, ein heller Schnaps.

S. 56: **Reunion:** altertümliche Bezeichnung für Tanzvergnügen.

Subskription: im voraus bezahlte Veranstaltung.

S. 59: **Reflektoren:** Rückstrahler, lichtverstärkende Spiegel hinter der Flamme.

Postadjunkt: Gehilfe, Beamtenanwärter.

S. 63: **„die neun Symphonien“:** Beethovens; ,,Die Welt als Wille und Vorstellung“ von Artur Schopenhauer, das ,,Jüngste Gericht“ von Michelangelo.

„Ich möchte tanzen . . .“: aus einem Gedicht von Friedrich Hebbel.

„Tak, O nange Tak!“: dänisch: Dank, o vielen Dank!

S. 64: **Arkadien:** eigentlich griechische Landschaft auf dem Peloponnes. In der Schäferpoesie das Land des von der Kultur unberührten, einfachen Hirtenlebens.

Exaltationen: Überspanntheiten.

4.3 Die Handlung im Überblick

Die Novelle beginnt mit Episoden aus der Jugend Tonios. Er ist anders als die anderen, als seine Mitschüler, als sein Freund Hans Hansen, der Pferdebücher liebt und Reitstunden nimmt, während Tonio schon ein Heft mit eigenen Versen hat, was ihm bei Lehrern und Mitschülern sehr schadet. Er selbst empfindet es als ungehörig, Verse zu machen und damit seine Zeit zu vertun, statt nützliche und praktische Dinge zu betreiben. Es erscheint ihm auch falsch, daß er ein schlechter Schüler bleibt, während Hans Hansen Primus ist. Er findet es richtig, daß sein Vater, ,,ein langer, sorgfältig gekleideter Herr, der immer eine Feldblume im Knopfloch trug“, über ihn bekümmert und erzürnt ist. Die heitere Gleichgültigkeit der Mutter, ,,die Consuela hieß und überhaupt anders war als die anderen Damen der Stadt“, erscheint ihm ,,ein wenig liederlich“. Aber er will und kann sich nicht ändern, auch sein schlechtes Gewissen weist ihm keinen Weg dazu, anders als ,,fahrlässig, widerspenstig und auf Dinge bedacht“ zu sein, ,,an die sonst niemand denkt“. Aber er findet: ,,Wenigstens gehört es sich, daß man mich ernstlich schilt und straft dafür, und nicht mit Küssen darüber hinweggeht. Wir sind doch keine Zigeuner im grünen Wagen, sondern anständige Leute, Konsul Krögers.“ Damit ist eines der durchgeführten Themen leitmotivisch angeklungen, der Konflikt zwischen Künstler und Bürger, zwischen der individuellen schöpferischen Freiheit, die der Künstler braucht, und dem Leben in der wohlgeordneten bürgerlichen Gesellschaft derer, die Handel treiben, die Hansestadt nach traditionellen Grundsätzen regieren und im übrigen so leben, wie man in solchen Kreisen eben lebt. Das Bild ist hier der grüne Wagen für die innere Heimatlosigkeit des Künstlers, für seine Isolierung in der Welt, aus der er kommt, und der anständige Bürger, der eigentlich ein durchschnittlicher Mensch, aber dafür ein in bestimmte Ordnungen eingefügtes Wesen ist, für die Gegenwelt des vereinsamten Künstlers. In gleicher Formulierung oder in geringer Variation tauchen diese Motive immer wieder auf, sie werden zu Leitmotiven, die das Werk in der sinfonischen Technik Wagners zur Einheit zusammenschließen.

Tonio Kröger weiß schon als Kind um die ganze Schwere des Andersseins. So empfindet er „eine neidische Sehnsucht" nach dem Leben derer, die wie Hans Hansen „stets auf eine wohlanständige und allgemein respektierte Weise beschäftigt" sind. Glücklich ist er, als Hans Hansen ihm verspricht, „Don Carlos" zu lesen. Aber es bedarf keiner großen Weisheit zu erkennen, daß Hans Hansen für den König, der weint, weil er unglücklich ist, in seiner Welt der Pferde und der realen Helden keinen Platz hat.

Die nächste Episode führt Toni Krögers erste Liebe vor. Sie galt der blonden Ingeborg Holm, als er sechzehn Jahre alt war. Natürlich beachtet sie ihn nicht, weil er ihr fremd ist. Der erste selbstvergessene Versuch der Annäherung endet für ihn mit einer peinlichen Blamage in der Tanz- und Anstandsstunde beim Tanzlehrer Francois Knaak, dem etwas angestaubten, aber gerade deshalb richtigen Meister der bürgerlichen Durchschnittswelt. Tonio aber faßt aus der inneren Einsamkeit den selbstquälerischen Entschluß, seiner Liebe treu zu sein, nicht, weil ihn ein unwiderstehliches Gefühl treibt, sondern weil sie so anders ist als er; blond, licht, übermütig, gewöhnlich, das heißt hier: alltäglich, weil er von ihr und ihrer Welt ausgeschlossen, ihr ewig fremd ist. So geht er achtlos vorbei an der dunkeläugigen Magdalena Vermehren, die weiß, daß er Verse schreibt, und ihn bittet, sie ihr zu zeigen. Seine Sehnsucht gilt der anderen Welt, die ihn nicht aufnimmt, und in die er auch keinen Zugang finden könnte, ohne sich selbst aufzugeben.

Rasch wird dann die weitere Entwicklung Tonio Krögers fast skizzenhaft dargestellt. Der Vater stirbt, die alte Krögersche Firma wird aufgelöst, die schöne, feurige Mutter heiratet nach Jahresfrist einen Musiker mit italienischem Namen und zieht mit ihm in blaue Fernen. Ohne Schmerz zu empfinden, verläßt auch Tonio die winkelige Heimatstadt. Er ergibt sich der Kunst, der Literatur. Aber je mehr sich sein Blick für die Menschen schärft, um so einsamer wird er, „weil es ihn im Kreise der Harmlosen mit dem fröhlich dunklen Sinn nicht litt". In seiner Kunst reift er in großen Städten und im Süden, sein Herz indessen bleibt tot. Wohl gerät er „in Abenteuer des Fleisches", aber sie erwecken in ihm nur „Ekel und Haß gegen die Sinne" und „ein Lechzen nach Reinheit und wohlanständigem Frieden". Er empfindet seinen Weg als Irrweg, er ist „doch kein Zigeuner im grünen Wagen, von Haus aus ...". Aber er wuchs in seiner Künstlerschaft. „Voll Humor und Kenntnis des Lebens" ist sein Werk und findet bald Anerkennung und Erfolg. Er selbst aber bleibt dabei nach außen „grau und unauffällig", ein Bürger in sorgfältiger Kleidung, wie er sie vom Vater gewöhnt war, aber ein Bürger, der davon wußte, „daß gute Werke nur unter dem Druck eines schlimmen Leidens entstehen, daß, wer lebt, nicht arbeitet, und daß man gestorben sein muß, um ganz ein Schaffender zu sein". Tonio bleibt auch als Schaffender ein Bürger, der ausgeschlossen ist von der solide Arbeit leistenden und Grundsätze verfolgenden, in festen Bahnen denkenden Bürgerlichkeit, aber auch von der alle Grundsätze aufgebenden, nur frei und ganz sich selbst lebenden künstlerischen Boheme, er vermag, eben weil er bürgerlich bleibt, nirgendwo zu wurzeln.

Fast ein Viertel der Novelle nimmt das Gespräch Tonios mit der Malerin Lisaweta Iwanowna, der mütterlichen Freundin, in ihrem Atelier ein. Es ist eigentlich ein Monolog Tonios, denn Lisaweta macht nur einige Zwischenbemerkungen, die im Grunde den Gedanken nicht fördern, und wo sie Einwände machten könnte, schneidet Tonio ihr von vornherein das Wort ab. Es geht um Kunst und Leben. Tonio erkennt, daß die Begabung für Stil, Form und Ausdruck das kühle und wählerische Verhältnis zum Menschlichen, ja eine gewisse menschliche Verarmung und Verödung voraussetzt. Das Gesunde, findet er, hat keinen Geschmack, es ist aus mit dem Künstler, sobald er ein Mensch wird und zu empfinden beginnt. Darum schämt er sich ein wenig seines Künstlertums, er sieht und fühlt, daß seine Leser ihn falsch sehen, wenn sie durch sein Werk zu einem warmen menschlichen Gefühl kommen, während er selbst nichts davon weiß. Nicht als Beruf, sondern als Fluch empfindet er die Literatur, die den Künstler von den Menschen trennt, Abgründe zwischen ihm und den anderen aufreißt, bis schließlich keine Verständigung mehr möglich ist. Das Wissen über sich selbst und das künstlerische Schaffen ist die wahre

Tragödie des Künstlers. Tonio fühlt sich in der Situation Hamlets, „dieses typischen Literaten". Es bleibt aber die ungestillte und unerfüllbare Sehnsucht nach dem Leben, das sich nicht als das Ungewöhnliche, das Einmalige darstellt, sondern als „das Normale, Wohlanständige und Liebenswürdige". Der ist kein Künstler, „dessen letzte und tiefste Schwärmerei das Raffinierte, Exzentrische und Satanische ist, der die Sehnsucht nicht kennt nach dem Harmlosen, Einfachen und Lebendigen, nach ein wenig Freundschaft, Hingabe, Vertraulichkeit und menschlichem Glück, – die verstohlene und zehrende Sehnsucht nach den Wonnen der Gewöhnlichkeit". Tonio bekennt, daß es für ihn keinen Weg zur bürgerlichen Welt zurück gibt, aber mit Entschiedenheit sagt er sich los von den „Dämonen, tiefen Unholden und erkenntnisreichen Gespenstern", von den Literaten denen er allenthalben begegne. Lisaweta aber erkennt die Wurzel all seiner Probleme: Tonio ist „ganz einfach ein Bürger", „ein Bürger auf Irrwegen, ein verirrter Bürger".

Der zweite Teil der Novelle bringt gewissermaßen eine Umkehr des bisherigen Verlaufes. Tonio erklärt Lisaweta, daß er nach Dänemark, in die Heimat Hamlets, reisen will. Vorher aber fährt er noch einmal in seine Vaterstadt, wo er einen kurzen, seltsamen Aufenthalt erlebt. Winzig und winkelig erscheint ihm das Ganze. Verloren und einsam geht er durch altvertraute und doch fremde Gassen. Niemand erkennt ihn wieder, ja, man begegnet seinem in dieser betriebsamen Stadt verwunderlich erscheinenden Gehabe mit ziemlich unverhohlenem Mißtrauen. Sein Vaterhaus ist Heim einer Volksbibliothek geworden, er kann es nur unter Vorwänden wiederbesuchen. Die Heimat hat ihn vergessen. Mit einem komischen, aber von ihm wie ein Sinnbild genommenen Intermezzo endet sein kurzer Besuch in der Vaterstadt. Die mehr rührige als findige Polizei vermutet in ihm einen wegen verschiedener Betrügereien und anderer Vergehen gesuchten Hochstapler, der sich auf der Flucht nach Dänemark befindet. Ohne den diensteifrigen Polizisten ganz überzeugen zu können, vermag er schließlich die Weiterreise nach Dänemark anzutreten.

In der absoluten Fremde aber gewinnt er neue Klarheit über sich selbst und seine Aufgabe. Als der Herbst schon vorrückt, hat er ein Erlebnis, das sich ihm bedeutsam mit seiner Jugend verbindet. Eine Gesellschaft, eine Landpartie kommt in den einsamen Badeort, den er als Aufenthalt wählte, und sie veranstaltet hier eine Reunion, ein Tanzvergnügen. Als unbeteiligter Zuschauer bleibt er draußen. Aber plötzlich geschieht dies. „Hans Hansen und Ingeborg Holm gingen durch den Saal." Natürlich ist es ein fremdes dänisches Paar. Aber es erweckt in ihm plötzlich die ganze Sehnsucht seiner Jugend und seines Lebens erneut, die Sehnsucht nach der blonden und blauäugigen Gewöhnlichkeit, nach ihrer Gradlinigkeit und Problemlosigkeit, nach dem einfachen Leben. „Und plötzlich erschütterte das Heimweh seine Brust mit solchem Schmerz, daß er unwillkürlich weiter ins Dunkel zurückwich, damit niemand das Zucken auf seinem Gesicht sähe." Auch ein Mädchen, das unbeobachtet und hilflos in der Gesellschaft bleibt, dem er schließlich in einer peinlichen Situation, als es beim Tanzen hinfällt, hilft, ist da, das Bild der Magdalena Vermehren aus Herrn Francois Knaaks Tanzstunde. Es drängt ihn, sich vor der Gesellschaft auszusprechen, aber er findet keinen Weg dazu und man würde ihn auch nicht verstehen. Obwohl er nur zuschaut, ist er wie berauscht von dem Feste. Als er sich schließlich zurückzieht, überblickt er sein bisheriges Leben, das sich „haltlos und unter Gewissensnöten zwischen krassen Extremen" bewegte, „zwischen Heiligkeit und Brunst hin- und hergeworfen, raffiniert, verarmt, erschöpft von kalten und künstlich erlesenen Exaltationen, verirrt, verwüstet, zermartert, krank", – er „schluchzt vor Reue und Heimweh".

Aus diesem Erleben aber erwächst ihm eine neue Auffassung von seinem künsterlischen Beruf und eine neue Liebe zu ihm, die er in dem versprochenen Brief an Lisaweta niederlegt. Sie hatte recht, als sie ihn einen in die Kunst verirrten Bürger nannte. Er steht zwischen den Welten und ist in keiner daheim. Aber die Sehnsucht, die dem Bürgertum gilt, „den Wonnen der Gewöhnlichkeit", wie es leitmotivisch heißt, ist ihm Bedingung seiner Kunst. Er bewundert die „Stolzen und Kalten, die auf den Pfaden der großen, der dämonischen Schönheit abenteuern und den ‚Menschen' verachten", aber er beneidet sie nicht. Was ihn aus einem Literaten zum Dichter machte, war seine „Bürgerliebe zum Menschlichen, Lebendigen und Gewöhnlichen". Aus ihr kommt „alle Wärme, alles Gute, aller Humor", fast will ihm scheinen, „als sei sie jene Liebe selbst, von der geschrieben steht, daß einer mit Menschen- und Engelszungen reden könnte und ohne sie doch nur ein tönendes Erz, eine klingende Schelle sei". Aus dieser Liebe wird er Besseres schaffen. Die Gegensätze sind geschlichtet und zum mindesten ausgeglichen, einer Versöhnung zugänglich gemacht. Das Entweder-Oder genügte nicht.

4.4 Künstler und Bürger

1902 schrieb Thomas Mann eine novellistische Skizze, die er „Die Hungernden" nannte, und die er in einem Brief an seinen Bruder Heinrich als „eine Art Vorstudie zu Tonio Kröger" bezeichnete. Einige Wendungen dieser Skizze sind wörtlich in die Novelle aufgenommen worden. Es handelt sich eigentlich nur um eine oder, wenn man ganz genau sein will, um zwei Szenen. Der Künstler Detlef ging auf ein Ballfest. Damit erinnert die Skizze an die Tanzstundenerlebnisse Tonio Krögers. Schmerzlich empfindet Detlef inmitten des allgemeinen Frohsinns, daß er vom Leben und Glück, hier von der allgemeinen Freude, ausgeschlossen ist. Wie Tonio Kröger verachtet er das gewöhnliche, durchschnittliche Leben nicht, er „sehnt sich nach einer Verbindung zwischen der Erkenntnis des Wissenden und künstlerisch Gestaltenden und dem Leben der Menschen, aber er findet sie nicht" (zitiert nach Diersen S. 60). Auf dem Höhepunkt des Festes verläßt er die frohe Gesellschaft. Mann schließt daran eine Szene an, die in „Tonio Kröger" fehlt, die aber geeignet ist, das Grundthema erneut aufklingen zu lassen. Vor dem erleuchteten Ballhaus steht der festlich gekleidete Dichter plötzlich vor einem Mann in abgerissenen Kleidern, dessen Gesicht von Hunger und Entbehrung gezeichnet ist. Nur kurz ist die Begegnung. Ein haßerfüllter Blick dieses Mannes trifft den vornehm gekleideten Dichter, er hört ein kurzes, verächtliches Schnauben, dann wendet sich der Mann ab. Einen Augenblick steht Detlef wie erstarrt, dann besteigt er stumm seinen Wagen.

Diese Begegnung mit dem physisch Hungernden und Frierenden führt bei Mann nicht zu einer Betrachtung über die Not der Armen, über die soziale Frage. Der Dichter Detlef bleibt ganz in seiner Isolierung, er ist nicht betroffen über den Gegensatz zwischen dem Glanz des Festes, von dem er kommt, und der Armut, dem Hunger und der Not, die ihm auf der Straße vor dem Ballhaus begegnen. Er findet keinen Zugang zu dem anderen, er sieht nur sich selbst. Er ist betroffen, weil er sich mit der glanzvollen und wohlhabenden Ballgesellschaft gleichgesetzt sieht. Sein erster Gedanke ist: „Welch Irrtum, mein Gott, welch ungeheures Mißverständnis", und der nächste: „Dein Jammerbild ist mir keine schreckende und beschämende Mahnung aus einer fremden, furchbaren Welt. Wir sind ja Brüder!" Das Selbstmitleid triumphiert, der Künstler bleibt eingekapselt in seiner eigenen Welt, aus der kein Weg in die Wirklichkeit führt. Das aber ist das Grundmotiv des „Tonio Kröger", in dem der Held gleichfalls die Verbindung zwischen sich selbst als Künstler und der gewöhnlichen, der durchschnittlichen Welt sucht, ohne seine Isolierung aufgeben zu können.

Man hat darauf hingewiesen, daß der zwanzigjährige Thomas Mann nach eigenem Zeugnis durch die Lektüre von Schopenhauers „Welt als Wille und Vorstellung" erschüttert wurde, weil die Philosophie Schopenhauers persönliche Erlebnisse des jungen, zur Kunst gedrängten Mannes bestätigte. Nach Schopenhauer lebt das Genie, also vor allem der Künstler, einsam, weil er zu selten ist, um leicht auf seinesgleichen zu stoßen, aber auch zu verschieden von den anderen, um Gemeinschaft mit ihnen zu haben. Darüber hinaus las Mann bei Schopenhauer, daß das Genie sich im Übergewicht von Sensibilität und Geist über den Willen, über die Vitalität begründet. Auch darin fand Mann eigenes Erleben wieder, nicht umsonst war er Sohn eines alten Patriziergeschlechtes, dessen wirtschaftlichen Verfall er nur mit schlechtem Gewissen, aber auch ohne die Fähigkeit zur bürgerlichen Betätigung im engeren Sinne beobachtete. So wird die Einsamkeit das Schicksal der Hauptgestalten im frühen Werk. Sie leiden unter dem Übergewicht des Intellektes, des kritischen Verstandes über die Lebenskraft. Von Schopenhauer konnte Mann auch den Gedanken übernehmen, daß sich hier ein allgemein gültiges Gesetz bekunde, nach dem Geist und Erkenntnis nur unter Einbuße an Lebenskraft und Lebenswillen wachsen können und umgekehrt. Vergeistigung und Verfall werden zur Einheit, wie der Dichter in den „Buddenbrooks" am Beispiel des Thomas Buddenbrook, für den das Schopenhauer-Erlebnis so entscheidend ist, und schließlich des künstlerischen, aber auch lebensuntüchtigen Hanno aufwies.

Aber zu Schopenhauer tritt Nietzsche mit seiner entschiedenen Lebensbejahung. Mann folgt nicht der Verneinung und Verurteilung des Lebens, wie sie Schopenhauer vornahm. Er findet eine sehr persönliche und eigentlich recht seltsame Synthese zwischen Schopenhauer und Nietzsche. Der todessüchtigen Willenslehre Schopenhauers, wie sie Thomas Buddenbrook und in der Novelle „Tristan" Gabriele Klöterjahn nachempfinden, stellt er als Ideal den vom Intellekt unberührten, tatenfrohen und instinktsicheren Bürger entgegen, den „Blonden und Blauäugigen, den hellen Lebendigen, den Glücklichen, Liebenswürdigen und Gewöhnlichen", also das, was er von dem, was Nietzsche als „Leben" anerkannt wissen wollte, anzunehmen bereit ist. Hier beginnt die entscheidende und ironische Einschränkung gegenüber Nietzsches Lebensbegriff. Tonio Kröger erklärt Lisaweta: „Ich liebe das Leben – dies ist ein Geständnis ... Man hat gesagt, man hat es sogar geschrieben und drucken lassen, daß ich das Leben hasse oder fürchte oder verabscheue. Ich habe dies gern gehört, es hat mir geschmeichelt; aber darum ist es nicht weniger falsch ... Ich beschwöre Sie, halten Sie es nicht für Literatur, was ich da sage! Denken Sie nicht an Cesare Borgia oder an irgend eine trunkene Philosophie, die ihn aufs Schild erhebt. Er ist mir nichts, dieser Cesare Borgia, ich halte nicht das geringste auf ihn, und ich werde nie und nimmer begreifen, wie man das Außerordentliche und Dämonische als Ideal verehren mag. Nein, das ‚Leben', wie es als ewiger Gegensatz dem Geiste und der Kunst gegenübersteht – nicht als eine Vision von blutiger Größe und wilder Schönheit, nicht als das Ungewöhnliche stellt es uns Ungewöhnlichen sich dar; sondern das Normale, Wohlanständige und Liebenswürdige ist das Reich unserer Sehnsucht, ist das Leben in seiner verführerischen Banalität! Der ist noch lange kein Künstler, dessen letzte und tiefste Schwärmerei das Raffinierte, Exzentrische und Satanische ist, der die Sehnsucht nicht kennt nach dem Harmlosen, Einfachen und Lebendigen, nach ein wenig Freundschaft, Hingebung, Vertraulichkeit und menschlichem Glück, – die verstohlene und zehrende Sehnsucht nach den Wonnen der Gewöhnlichkeit! ..."

Dies bedeutet, daß eine Abwertung des Nietzscheschen Begriffes des „Übermenschlichen" vorgenommen ist. Nicht die Machtphilosophie Nietzsches, am Beispiel Cesare Borgias aufgezeigt, wird übernommen, nicht die „blonde Bestie", die jenseits von Gut und Böse der Moral nicht bedarf. Mann selbst erklärte viele Jahre später dazu: „Seine (Nietzsches) Verherrlichung des Lebens auf Kosten des Geistes ... es gab nur eine Möglichkeit, sie mir zu assimilieren: als Ironie." Von der „blonden Bestie" blieb nichts als die Blondheit zusammen mit der Geistlosigkeit. Die „blonde Bestie" ist ihres bestialischen Charakters entkleidet, was übrigbleibt, ist der bürgerliche Durchschnitt, die instinkthafte Sicherheit im Handeln, verbunden mit der Geistlosigkeit, der Unfähigkeit, über sich selbst zu reflektieren, also die Problemlosigkeit eines geordneten Daseins. Damit ist Nietzsches Idee wesentlich verändert, gewandelt, aus einem gefährlichen Übermenschen, einem aus eigener Kraft die Welt formenden Genie, wird ein braver Durchschnittsbürger konservativer Haltung. Aber es ist doch nicht alles, nicht nur „die Blondheit zusammen mit der Geistlosigkeit – Gegenstand jener erotischen Ironie und konservativer Bejahung, durch die der Geist, wie er genau wußte, sich im Grunde so wenig vergab", geblieben. Zur Blondheit gehören auch Tatkraft, Mut, Glück und Erfolg. Es ist, wie Tonio Kröger sagt, auch das Reich „der Gesundheit und Unschuld", das auf Erden abnimmt, während das Reich der Kunst zunimmt. Erst die Lösung aus dieser bewahrenden Unschuld des Bürgertums führt zum Künstlertum. Da ist der Bankier, der die Gabe besitzt, Novellen zu schreiben. Er hat diese Fähigkeit gewonnen, als er eine schwere Freiheitsstrafe zu verbüßen hatte, erst jetzt wurde er seiner Begabung inne. Es war im Grunde die erzwungene Einsamkeit, die völlige Lösung aus seinen bürgerlichen Gewohnheiten, die ihn zum Künstler machte. „Ein Bankier, der Novellen dichtet, das ist eine Rarität ... Aber ein nicht krimineller, ein unbescholtener Bankier, welcher Novellen dichtet, – das kommt nicht vor."

Die blonde Bürgerlichkeit schafft auch dem aufgenommenen Kunstwerk eine andere Erlebnisweise, als sie der schaffende Künstler selbst erlebte. Dafür nennt Tonio Kröger als Beispiel das Werk des „typischen und darum mächtigen Künstlers ..., ein so morbides und tief zweideutiges Werk wie ‚Tristan und Isolde' ". Beim „jungen, gesunden, stark normal empfindenden Menschen" ruft es „Gehobenheit, Gestärktheit, warme rechtschaffene Begeisterung, Angeregtheit vielleicht zu eigenem ‚künstlerischem' Schaffen" hervor. Der „gute Dilettant", sagt Tonio, „in uns Künstlern sieht es gründlich anders aus, als er mit seinem ‚warmen Herzen' und ‚ehrlichen Enthusiasmus' sich träumen mag". Der Dilettant umschwärmt und umjubelt den Künstler. Der Künstler aber weiß um die Qualen der Einsamkeit. Tonio Krögers Idee vom Künstler rückt in verführerische Nähe zum reinen Ästhetizismus. „Das, was man sagt, darf ja niemals die Hauptsache sein", führt er aus, „sondern nur das an und für sich gleichgültige Material, aus dem das ästhetische Gebilde in spielender und gelassener Überlegung zusammenzusetzen ist." Die echte, warme Empfindung, die innere Anteilnahme an den gestalteten Menschen führt nicht zum wahren Kunstwerk, sie führt zur Sentimentalität, zum Unironischen, Unbeherrschten, Langweiligen, Banalen: „Das Gefühl, das warme, herzliche Gefühl, ist immer banal und unbrauchbar, und künstlerisch sind bloß die Gereiztheiten unseres verdorbenen, unseres artistischen Nervensystems." Etwas „Außermenschliches und Unmenschliches" muß man werden, um das „seltsam ferne und unbeteiligte Verhältnis" zum Menschlichen zu erreichen, das Voraussetzung des Künstlertums ist, der Fähigkeit, das Menschliche „zu spielen, damit zu spielen, es wirksam und geschmackvoll darzustellen". Das gesunde und starke Gefühl hat keinen Geschmack, erst das „kühle und wählerische Verhältnis zum Menschlichen, ja, eine gewisse menschliche Verarmung und Verödung" schafft die Voraussetzung zum Kunstwerk: „Es ist aus mit dem Künstler, sobald er Mensch wird und zu empfinden beginnt." Tonio Kröger aber leidet darunter, daß er gezwungen ist, „das Menschliche darzustellen, ohne am Menschlichen teilzuhaben". Er fühlt etwas wie Mitleid mit seinen Lesern, die ihm in Zuschriften bekennen, daß sie durch ihn zu warmen menschlichen Gefühlen angeregt werden: „Ich erröte bei dem Gedanken, wie sehr dieser redliche Mensch ernüchtert sein müßte, wenn er je einen Blick hinter die Kulissen täte, wenn seine Unschuld je begriffe, daß ein rechtschaffener, gesunder und anständiger Mensch überhaupt nicht schreibt, mimt, komponiert." Dennoch braucht er, das ist der unlösbare Widerspruch, als Künstler diese Bewunderung, „um mich zu steigern und zu stimulieren".

Nicht als Beruf, als „Fluch" will Tonio Kröger auf einen Einwand Lisawetas hin die Literatur erkannt wissen. Schon früh im Leben des „Berufenen" wird dieser Fluch fühlbar, „zu einer Zeit, da man billig noch in Frieden und Eintracht mit Gott und der Welt leben sollte", also zur Jugendzeit. Der werdende Künstler aber fühlt sich gezeichnet, in einem rätselhaften Gegensatz zu den anderen, den Gewöhnlichen, Ordentlichen: „Der Abgrund von Ironie, Unglaube, Opposition, Erkenntnis, Gefühl, der sie von den Menschen trennt, klafft tiefer und tiefer. Sie sind einsam, und fortan gibt es keine Verständigung mehr." Wohl entzündet sich das Selbstbewußtsein, weil der Künstler unter Tausenden das Zeichen an der Stirne spürt und fühlt, daß es niemandem entgeht. Das Gefühl der Separation und Unzugehörigkeit verleiht dem Künstler „etwas zugleich Königliches und Verlegenes". Mit einem Fürsten, der inkognito durch die Volksmenge schreitet, vergleicht Tonio Kröger den Künstler.

Nur mit schlechtem Gewissen kann Tonio Kröger Künstler sein: „Ich hege auf dem Grunde meiner Seele – ins Geistige übertragen – gegen den Typus des Künstlers den ganzen Verdacht, den jeder meiner ehrenfesten Vorfahren droben in der engen Stadt irgend einem Gaukler und abenteuernden Artisten entgegengebracht hätte, der in sein Haus gekommen wäre." Lisawetas übrigens einzigen ernsthaften Einwand in dem ganzen Gespräch, daß man die Literatur auch anders sehen, ihre reinigende und heiligende Wirkung, die Zerstörung der Leidenschaft durch die Erkenntnis und das Wort erkennen könne, womit die Literatur „Weg zum Verstehen, zum Vergeben und zur Liebe", der literarische Geist zur edelsten Erscheinung des Menschengeistes überhaupt und der Literat ein vollkommener Mensch, ein Heiliger, werden könne, wischt Tonio Kröger fort. Er will ihn für „die anbetungswürdige russische Literatur" gelten lassen, er selbst aber fühlt sich in der Rolle Hamlets, des Dänen, der „wußte, was das ist: zum Wissen berufen werden, ohne dazu geboren zu sein". „Hellsehen noch durch den Tränenschleier des Gefühls hindurch, erkennen, merken, beobachten und das Beobachtete lächelnd beiseite legen müssen noch in Augenblicken, wo Hände sich umschlingen, Lippen sich finden, wo des Menschen Blick, erblindet in Empfindung, sich bricht, – es ist infam, niederträchtig, empörend!"

Eindeutig weist Tonio Kröger aber auch „die Blasiertheit, Gleichgültigkeit und ironische Müdigkeit aller Wahrheit gegenüber", die sich in „einem Kreise geistreicher Leute, die bereits mit allen Hunden gehetzt sind, findet", zurück. Er verwirft das reine Ästhetentum, l'art pour l'art, eine Kunst ohne Beziehung zum „Leben". Es gibt nur den von ihm aufgezeigten Weg zum wahren Künstlertum, das sich damit abfinden muß, daß außerhalb seiner Sphäre das Leben noch unbeirrt fortgeht. Weil aber die Bereiche so schroff getrennt sind, ist jeder Versuch vermessen, die Leute, „die viel lieber in Pferdebüchern mit Momentaufnahmen lesen", zur Poesie zu verführen. Der Leutnant, „ein hübscher und strammer Mensch, dem ich niemals eine seines Ehrenkleides unwürdige Handlung zugetraut hätte", wird zur peinlichen Erscheinung, wenn er beginnt, Verse zu machen.

Lisaweta gibt Tonio Kröger auf seine „hamletische Beredsamkeit" die Antwort. Die Lösung ist, daß Tonio „ganz einfach ein Bürger" ist. Aber gleich darauf mildert sie den „Urteilsspruch", er ist „ein Bürger auf Irrwegen", ein „verirrter Bürger". Tonios erste Antwort ist: „Ich bin erledigt." Aber in dem Brief, den er Lisaweta aus Dänemark schreibt, bekennt er sich ausdrücklich zu seinem Bürgertum, sein Bürgertum und seine Liebe zur Kunst sind eins. Sein bürgerliches Gewissen erst läßt ihn „in allem Künstlertum, aller Außergewöhnlichkeit und allem Genie etwas tief Zweideutiges, tief Anrüchiges, tief Zweifelhaftes erblicken", es erfüllt ihn mit „dieser verliebten Schwärmerei für das Simple, Treuherzige und Angenehm-Normale, das Ungeniale und Anständige". Er steht zwischen zwei Welten, ist in keiner daheim und hat es deswegen schwer. Ein wenig fühlt er sich, wenn er sich unter die Bürger begibt, als Hochstapler. Er findet einen Vorfall, den er bei seinem Besuch in der Vaterstadt erleben mußte, gar nicht außerhalb der Ordnung, so komisch er an sich war. Kurz vor der Abreise nach Dänemark sollte er als steckbrieflich gesuchter Hochstapler aus München verhaftet werden. Und er zögerte, sich zu erkennen zu geben: „Waren diese Männer der bürgerlichen Ordnung im Grunde nicht im Recht?" Bei der Rückkehr in seine Jugenderinnerungen fühlte er zu stark den Gegensatz zwischen dem, was man von ihm als Sohn des Konsuls Kröger erwartet haben mochte, und was aus ihm geworden ist.

In der Einsamkeit und Besinnung des dänischen Badeortes im Herbst glaubt Tonio Kröger auch zu erkennen, daß „seine Bürgerliebe zum Menschlichen, Lebendigen und Gewöhnlichen" ihn erst zum Künstler gemacht hat. Aus ihr kommen „alle Wärme, alle Güte, aller Humor", fast will ihm scheinen, „als sei sie jene Liebe selbst, von der geschrieben steht, daß einer mit Menschen- und Engelszungen reden könnte und ohne sie doch nur ein tönendes Erz und eine klingende Schelle sei". Aus dieser Erkenntnis seiner selbst aber gewinnt Tonio Kröger seinen neuen Standort: „Was ich getan habe, ist nichts, nicht viel, so gut wie nichts. Ich werde Besseres machen, Lisaweta – dies ist ein Versprechen . . . Ich schaue in eine ungeborene und schemenhafte Welt hinein, die geordnet und gebildet sein will, ich sehe in ein Gewimmel von Schatten menschlicher Gestalten, die mir winken, daß ich sie banne und erlöse: tragische und lächerliche und solche, die beides zugleich sind, – und diesen bin ich sehr zugetan. Aber meine tiefste und verstohlene Liebe gehört den Blonden und Blauäugigen, den hellen Lebendigen, den Glücklichen, Liebenswürdigen und Gewöhnlichen."

Es geht Tonio Kröger also darum, die Kluft zwischen Kunst und Leben zu überwinden, der Kunst eine neue Aufgabe in der menschlichen Gesellschaft zu geben, und dazu bedarf es der Liebe zum Bürgertum. Das bedeutet keine Verherrlichung des bürgerlichen Lebens. Thomas Mann bleibt auch hier ironischer Realist. Die konservative Bejahung des Bürgertums, die zweifellos für Tonio Kröger charakteristisch ist, bleibt nach einem viel jüngeren Zeugnis Manns der Versuch, in einer Zeit zahlreicher und bedenklicher Verfallserscheinungen auf den verschiedensten Gebieten des Lebens, nicht zuletzt auch in der Literatur, das geistige Erbe des 19. Jahrhunderts zu retten. Seine Bürger sind eine geistige Möglichkeit, keine gesellschaftliche Realität seiner Zeit, obwohl das in Tonio Kröger gestaltete Verhältnis von Bürger und Künstler nur eine Aussage über diese Zeit, keine allgemein gültige Definition für das Wesen wahren Künstlertums unter allen Voraussetzungen ist. Manns Künstler und Bürger sind streng genommen Utopien oder besser Möglichkeiten, sie sind Extremfälle, erdachte, nicht aus der Alltäglichkeit erfahrene, aber an ihr orientierte Wesen. Ungangbar ist für Thomas Mann, hier für Tonio Kröger, der Weg der hochmütigen, bewußten Selbstisolierung des Künstlers im „Leben", die Schaffung eines rein ästhetischen Reiches der Schönheit, in dem der Künstler unberührt von den brandenden Wellen des bewegten Lebens um ihn in einsamer Herrlichkeit und Göttlichkeit residiert. Es gibt nur die eine Möglichkeit, eine neue Einheit von Kunst und Leben zu finden, wobei keins von beiden dem anderen dienstbar ist, die Kunst aber die Aufgabe hat, das Leben schöner, reicher und erhabener zu machen.

Als 1925 die auf ihren mittlerweile berühmt gewordenen Sohn stolze Stadt Lübeck Thomas Mann einlud, zur Feier des 700jährigen Bestehens der Stadt eine Rede zu halten, war der Dichter höflich genug zu sagen, er sei auch als Schriftsteller Lübecker geblieben und vertrete „das Patrizisch-Städtische, das standesgemäß Lübeckische oder das allgemein Hanseatische". Gewiß ist diese Formulierung aus dem Anlaß zu erklären, aber sie enthält einen durchaus wahren Kern. Genau 25 Jahre später erklärte Thomas Mann in der Universität Chicago: „Ich bin auch nie von einer Schule getragen, von Literaten selten gelobt worden. Sie sahen einen ‚Bürger' in mir, – nicht zu Unrecht, denn aus einem Instinkt, der bis ins Bewußtsein reichte, hielt ich fest an der mir eingeborenen bürgerlichen Überlieferung, dem Bildungsgut des 19. Jahrhunderts, mit dem sich mir ein ausgesprochener Sinn für Größe verband."

Dieses ambivalente, doppelwertige Verhältnis zum Bürgertum ist auch Tonio Krögers Schicksal. 1924, ein Jahr vor der Lübecker Rede, sagte Thomas Mann in einer Ansprache in Amsterdam: „Talent ist im wesentlichen Sensitivität, Empfindlichkeit für Zukunftsnotwendigkeiten. Dichter mögen Sorgenkinder des Lebens sein, geneigt und ständig in Gefahr, sich an Krankheit und Tod als Mächte und Prinzipien zu verlieren: Kinder des Lebens bleiben sie eben doch und im Grunde zur sittlichen Güte bestimmt. Der Dichter, der in einer geschichtlichen Stunde wie der gegenwärtigen nicht die Partei des Lebens ergriffe, wäre wahrscheinlich ein trüber Gast auf dunkler Erde." Derselbe Gedanke wird, freilich weniger klar, bereits in dem Brief, den Tonio Kröger aus Dänemark an Lisaweta schickt, geäußert. Die große Idee, aus dem 19. Jahrhundert überliefert, war die Humanität, die Menschenwürde und Freiheit des Individuums. Das Bürgertum war der einzige Stand, der an dieser Idee festhielt, deren Lebenskraft sich in der bürgerlichen Revolution des 19. Jahrhunderts bewährt hatte, sie wurde nur noch vom liberalen Bürgertum verteidigt, sie war von revolutionärer und reaktionärer Jugend vielfach angeschlagen. Vieles war zur bloßen Handlung geworden, der Geist aus der Erscheinung gewichen. Aber Thomas Mann sah dennoch: Diese liberale Bürgerlichkeit blieb die einzige Kraft, die den Verfallserscheinungen der Zeit, so sehr sie selbst von ihnen betroffen war, überhaupt noch widerstand, ihnen Einhalt gebieten konnte, wenn sie sich auf sich selbst besann. Weil er in ihr die einzige Kraft sah, die den Verfall aufhalten, vielleicht eine neue menschenwürdige Ordnung schaffen könne, erhob er sie zum Symbol der Bewahrung. Immerhin trat das liberale Bürgertum für die überkommenen Werte des 19. Jahrhunderts ein, zu ihnen gehörte die Achtung vor den Menschenrechten, vor der Menschenwürde, die Überzeugung, daß aus Fortentwicklung der Menschlichkeit eine bessere Welt zu schaffen sei. In einem behutsamen Zusammenwirken von bewahrendem, aber kritischem Geist und freiem Schaffen schien Thomas Mann die Gewähr für einen Fortschritt der Menschheit zu liegen.

4.5 Inhalt-Form-Beziehungen in „Tonio Kröger"

Für jede genauere *Betrachtung des Baus der Novelle* ist eine Feststellung wichtig, die in der Interpretation Werner Zimmermanns von 1966 – einer in der Sekundärliteratur vielzitierten Arbeit – Ausgangspunkt entscheidenter Überlegungen wird, nämlich „daß die Novelle so sehr aus der zentralen Figur Tonio Krögers lebt, daß alle Gestalten um ihn, alle Geschehnisse und Motive, die Gespräche und die Atmosphäre nicht an und für sich, sondern erst in ihrer Wechselbeziehung zur Hauptgestalt Bedeutung gewinnen. Alle übrigen Glieder des Ganzen haben ihren Wert nur als Spiegelungen der ‚komplizierten', von Spannungen und Widersprüchen erfüllten Seele des Helden". (a. a. O., S. 110).

Die Handlung setzt ein, als Tonio etwa vierzehnjährig seines Andersseins gegenüber den Mitmenschen bewußt wird. Es unterscheidet ihn von den Helden der frühen Novellen, daß keinerlei physische Behinderungen oder psychische Hemmungen ihn von seinen Altersgefährten distanzieren. Er ist – auch in diesem Sinne – eben kein Hanno Buddenbrook.

Die beiden ersten Novellenabschnitte, das Hans-Hansen-Kapitel und das Ingeborg-Holm-Kapitel, entwickeln das Gewahrwerden dieses Andersseins im Fühlen, Denken und den Interessen Tonios. Das erste Kapitel bietet eine breit ausgeführte Handlungsszene mit Aktion, Dialog und Bewegung, in die eine allgemeine Beschreibung der Lebensumstände Tonio Krögers einfunktioniert ist. In dem zwei bis drei Jahre später spielenden zweiten Kapitel entfällt bereits der direkte, aktive menschliche Kontakt zum Handlungswiderpart. Tonio verehrt aus der Ferne. Seine Isolation ist bereits bis zu einem gewissen Grade gediehen. Es kommt nicht mehr zum tätigen Werben um die blonde Ingeborg. Berichtende Schilderung tritt an die Stelle des Handlungsdialogs. Die Erzählweise betont stärker den inneren Monolog des Helden. Das Kapitelende markiert einen Aufbruch: „Dann zuckte er die Achseln und ging seiner Wege" als einer, der aus Sehnsucht und Liebe Verbindung zu den Menschen hatte finden wollen, aber Zurückweisung und Enttäuschung erfahren hatte und nun im Begriff stand, „auf seine Art in der Welt eine Menge des Merkwürdigen" zu leisten. Unmittelbar zu Beginn des dritten Kapitels wird das Wegmotiv wieder aufgenommen: „Er ging den Weg, den er gehen mußte ..." Ungefähr 15 Jahre sind seit der Tanzstunde vergangen – Tonio, jetzt „ein wenig jenseits der Dreißig", wie es im Lisaweta-Iwanowna-Kapitel heißt, ist nun durch seine Künstlerschaft ganz und gar ein Einsamer geworden. Das dritte Kapitel beschreibt sein Künstlertum und führt hin zum **Kernstück der Novelle**, dem Gespräch mit Lisaweta Iwanowna. Dieses hat eine Doppelfunktion zu erfüllen: Es zieht nicht nur die Bilanz der bisherigen Entwicklung Tonios, sondern bildet gleichzeitig den Ausgangspunkt für den nächsten Fortgang der Dinge. Die Formbesonderheit der Gesprächsszene besteht in dem monologischen Charakter der Krögerschen Selbstbilanzierung. Die Iwanowna hat wenig mehr als die Aufgabe einer nahezu stummen Staffagefigur zu erfüllen. Das gilt selbst für ihre wertende Formulierung vom „verirrten Bürger", die lediglich komprimiert, was Tonios Bekenntnisstrom vorbereitend ausschüttete. Es besteht insofern zwischen der Kernszene und der Gesamtanlage der Novelle völlige Übereinstimmung, als beide – man erinnere sich des Eingangszitats – ausschließlich den Helden und seine Entwicklung zum Gegenstand haben. Der fünfte Abschnitt spielt in jenem Herbst, der dem Frühlingsgespräch mit Lisaweta Iwanowna folgt. Er bringt, gewissermaßen als Wirkergebnis der Selbstanalyse die Ankündigung Tonio Krögers, zum Ausgangspunkt – das heißt nach Norden – zurückzuwollen. Die hier enthaltene Absage an die italienische „belezza" versinnbildlicht die Scheidemarke zwischen der bisherigen und der neuen Wegrichtung in der Entwicklung des Helden. Er ist fortan auf jenem Rückweg, der ihn in seine Vaterstadt und dann übers Meer ins dänische Aalsgaard führt. Im sechsten Abschnitt sieht er die Stätten der Kindheit wieder und wird beinahe von den Ordnungshütern seines Geburtsortes arretiert. Im siebenten erfolgt die Überfahrt nach Dänemark und Kapitel acht schließlich bringt die Wiederbegegnung mit dem Typus des Hans Hansen und der Ingeborg Holm – die endliche Vollendung der Rückkehr. Daß es sich nicht um die individuellen Menschen Hans und Ingeborg handelt, sondern um den Typus, geht sowohl aus der direkten Beschreibung im Moment der Begegnung hervor: „Sie waren es nicht so sehr vermöge einzelner Merkmale und der Ähnlichkeit der Kleidung als Kraft der Gleichheit der Rasse und des Typus, dieser lichten, stahlblauäugigen und blondhaarigen Art, die eine Vorstellung von Reinheit, Ungetrübtheit, Heiterkeit und einer zugleich stolzen und schlichten, unberührbaren Sprödigkeit hervorrief . . ." Und es findet auch seine Bestätigung in der späteren Bemerkung, Hans habe sich zu Inge gesetzt, „die vielleicht seine Schwester war".

Diese Szene verdeutlicht auch im Formalen, daß es sich nicht mehr um den gleichen Tonio Kröger handelt, der einstmals in jener ersten Ballnacht innerlich aufgebrochen war, den Weg des Künstlers zu gehen. Im ersten Kapitel agierte der Held, trug er in Worten und Handlungen aus, was der Konfliktstoff forderte. Doch zwischen dieser Szene und dem Aalsgaarder Ball liegen die Jahre der Künstlererfahrung. Sie werden jetzt einbezogen und prägen die Gestaltungsweise. Die Begebenheiten werden ausschließlich aus der Perspektive des Helden geschildert. Es gibt keine agierenden Gegenspieler, sie werden wie durch gläserne Wände gesehen. Ein Beobachter, ein Zuschauer registriert „des Lebens süßen, trivialen Dreiakt".

Beschlossen wird die Novelle mit dem bekenntnishaften **Brief an Lisaweta Iwanowna**, der den neunten Abschnitt bildet. Die Sprache des Dichters gewinnt hier noch einmal die Kraft eines bannenden Hymnus, und ähnlich, wie Lisaweta Iwanownas Wort vom „verirrten Bürger" die Substanz des vorangegangenen Heldenmonologs verdichtet, wirkt der Brief als Verdichtung des Erzählganzen: „Wie dieses, gliedert auch er sich in drei Teile, die sich formal und inhaltlich in ähnlicher Weise unterscheiden wie die entsprechenden Teile des Ganzen. Die Einleitung (erster und zweiter Abschnitt) läßt die Dinge noch merkwürdig in der Schwebe durch eine auffällige Unbestimmtheit des Ausdrucks: ‚so etwas wie ein Brief', ‚ein wenig allgemein', ‚nicht, daß ich so gar nichts zu erzählen, auf meine Weise nicht dies und das erlebt hätte' (. . .) Der zweite Teil, der der Analyse des problematischen, ‚tief zweideutigen' Ich dient, zeigt die Merkmale des entfalteten Stils: reicher Wortschatz, erlesene Wortwahl, vielfältig gegliederte Gedankenbewegung, kritisches Abstandhalten, starke Bewußtheit, sublime Ironie. Der dritte und letzte Teil aber ist eigentümlich bekenntnishaft (. . .) Am Ende werden die Schwingungen der Seele gar unmittelbar eingeformt in ein Klanggefüge, das wie ein lyrisches Gebilde nicht nach dem Gesetz der vorgegebenen Grammatik, sondern nach dem schwebenden Rhythmus und der zärtlich-weichen Melodie der Seele gestimmt ist: ‚Sehnsucht ist darin und schwermütiger Neid und ein klein wenig Verachtung und eine ganze, keusche Seligkeit.' Freilich wird auch diese Musik des Herzens wieder gedämpft durch das kritische Bewußtsein, das sich in der Wendung ‚ein klein wenig Verachtung' von der Sprache des Gefühls ironisch distanziert und auch den Leser wieder aus der lyrischen Verzauberung in die kühle Reflexion zurückruft." (Werner Zimmermann, S. 121 f.).

Es verwundert nicht, daß bedeutende Interpreten **die Musikalität der Dichtung** in den Blickpunkt ihrer Betrachtungen rücken: „Die Form des ‚Tonio Kröger' ist die einer Elegie: die Erzählung ist auf das klassische, fast möchte man sagen, das mythische Thema des Elegischen gestimmt, in dem Hölderlins ‚Täglich geh ich heraus und such' ein anderes immer' vernehmlich wird, in welchem der Ruh erbittende, auf und ab irrende Geist im Banne der Todesgötter sein Heil zu vergessen scheint (. . .) Das alles ist musikalisch komponiert, einem dreiteiligen Satz vergleichbar: die ersten drei in der Jugend Tonio Krögers spielenden Kapitel entwickeln die Themen, die in den letzten drei Kapiteln (Tonios Aufenthalt in dem dänischen Seebade) wieder aufgenommen werden, während der mittlere Teil, sozusagen die Durchführung, die Themen zur scharfen Dissonanz bringt. Das ist die elegische Form, analog derjenigen von Hölderlins ‚Menons Klage um Diotima': Exposition, dissonanter Mittelsatz, versöhnender Ausklang." (Hermann Stresau, S. 93).

5. Mario und der Zauberer

5.1 Die Entstehungsgeschichte

Thomas und Katja Mann weilten zusammen mit den beiden jüngsten Kindern Elisabeth und Michael vom 31. August bis zum 13. September 1926 zu Badeferien in Forte dei Marmi in der mittelitalienischen Provinz Lucca.

Annähernd vier Jahre waren vergangen, seit am 28. Okober 1922 etwa 40000 Faschisten mit dem Marsch auf Rom Mussolinis Staatsstreich zum Sieg getragen hatten. Der Duce hatte nach einer großangelegten Wahlrechtmanipulation in den Neuwahlen von 1924 eine riesige faschistische Parlamentsmehrheit installiert und handhabte die Macht nach diktatorischem Gutdünken. Die einstmals starken Parteien der Linken und der Klerikalen sahen sich ohnmächtig ins Abseits gedrängt und nahmen an den Kammerverhandlungen nicht länger teil. Dies lieferte Mussolini den willkommenen Vorwand, seinen Staatsstreich zu vollenden: Im vorerwähnten Reisejahr der Familie Thomas Manns wurden alle Parteien verboten außer der faschistischen, wurde die Pressefreiheit beseitigt und die Freimauerei als Stütze des alten Liberalismus in Italien unterdrückt. Gleichzeitig begann die Zertrümmerung des alten Staatsapparates und der Aufbau neuer, faschistischer Machtstrukturen. Eine erste Änderung der italienischen Verfassung von 1848 erfolgte 1925 und gab die grundgesetzlichen Regeln her für die Perfektionierung der faschistischen Diktatur. Nach außen gebärdete sich das Italien Mussolinis aggressiv und großmachtsüchtig.

Es war schon ein besonderes Jahr, dieses 1926 in Italien, und seine Stimmung schwingt vom ersten Satz an in der Erzählung mit: Unruhe, Mißbehagen, Gedrängtsein von Ereignissen, denen man kaum ausweichen und die man nicht beeinflußen kann.

Dies mag um so eher verwundern, als Thomas Mann offensichtlich zunächst nicht daran dachte, jene Ferienerlebnisse erzählend festzuhalten, und tatsächlich vergingen drei volle Jahre, ehe er es tat. Daß es überhaupt dazu kam, haben die Leser der ältesten Mann-Tochter Erika zu verdanken. Ihr hatte der Vater von dem Kellner Mario und dessen Erlebnis mit einem Zauberkünstler erzählt, daß sich zwar ähnlich, aber in der Wirklichkeit wesentlich weniger dramatisch als dann später in der literarischen Gestaltung vollzogen hatte. Erika Mann bemerkte beiläufig, sie hätte sich nicht gewundert, wenn Mario den Zauberer erschossen hätte. Dieser Einfall wurde zum zündenden Funken.

Vom 29. Juli bis zum 23. August 1929 erholte sich die Familie Mann – übrigens in der nämlichen Italien-Besetzung – im Ostseebad Rauschen auf Samland. Dort entstand die Novelle, und kaum ein Jahr später berichtete Thomas Mann darüber im „Lebensabriß": „Auf dieser bequemen, aber weitläufigen Reise das angeschwollene Material, das unabgeschriebene Manuskript des ‚Joseph' mitzuschleppen, empfahl sich nicht sehr. Da ich mich aber auf beschäftigungslose ‚Erholung' durchaus nicht verstehe und eher Nachteil als Nutzen davon erfahre, beschloß ich, meine Vormittage mit der leichten Ausführung einer Anekdote zu füllen, deren Idee auf eine frühere Ferienreise, einen Aufenthalt in Forte dei Marmi bei Viareggio und dort empfangene Eindrücke zurückging: mit einer Arbeit also, zu der es keines Apparates bedurfte und die im bequemsten Sinn des Wortes ‚aus der Luft gegriffen' werden konnte. Ich begann die gewohnten Frühstunden hindurch auf meinem Zimmer zu schreiben, aber die Beunruhigung, die das Versäumnis des Meeres in mir erregte, schien meiner Tätigkeit wenig zuträglich . . . Ich ließ mich bereden, meine Schreiberei an den Strand zu verlegen. Ich rückte den Sitzkorb nah an den Saum des Wassers, das voll von Badenden war, und so, auf den Knien kritzelnd, den offenen Horizont vor Augen, der immerfort von Wandelnden überschritten wurde, mitten unter genießenden Menschen, besucht von nackten Kindern, die nach meinen Bleistiften griffen, ließ ich es geschehen, daß mir aus der Anekdote die Fabel, aus lockerer Mitteilsamkeit die geistige Erzählung, aus dem Privaten das Ethisch-Symbolische unversehens erwuchs . . ." (nach Harry Matter, S. 514).

Anläßlich der Feiern zur Verleihung des Nobelpreises las Thomas Mann die Mario-Novelle erstmalig am 16. November 1929 vor dem Schutzverband deutscher Schriftsteller in München. Die nächsten Lesungen waren in Berlin und in Stockholm, wo ihm am 10. Dezember des gleichen Jahres der Nobelpreis übergeben wurde. Unter dem Titel „Tragisches Reiseerlebnis" wurde die Novelle im April 1930 in „Velhagen und Klasings Monatsheften" (Bielefeld und Leipzig) erstmalig gedruckt. Noch im gleichen Monat brachte S. Fischer eine von Hans Meid illustrierte Buchausgabe heraus, die den Titel hatte: „Mario und der Zauberer. Ein tragisches Reiseerlebnis". Der Startauflage von 30000 Exemplaren war trotz des vom Verleger erhofften Nobelpreisträger-Bonus kein Bestsellererfolg beschieden. Während namhafte Teile der deutschen Kritik sich durch den privaten Tonfall der Reiseerzählung weitgehend auf die Würdigung künstlerischer Vorzüge und ästhetischer Kategorien hinlenken ließen, hatten Italiens Zensoren ein wacheres Gespür für die politische Brisanz des Textes. So blieben die Bemühungen der italienischen Übersetzerin Lavinia Mazzucchetti ohne Ergebnis. Die Mario-Novelle durfte im faschistischen Italien nicht erscheinen. (vgl. Harry Matter, S. 517).

Unter Heranziehung verschiedener und, wie zuzugeben bleibt, widerspruchsvoller Thomas-Mann-Äußerungen existierte eine sekundärliterarische Debatte über die Frage, ob man im „Mario" vorwiegend eine politische Novelle zu sehen habe oder nicht. Es ist in diesem Rahmen auch nicht annähernd möglich, einiges Für und Wider sachgerecht darzustellen. Daher soll es bei der Feststellung bleiben, daß der politische Gehalt der Erzählung von niemandem ernsthaft in Frage gestellt worden ist, wie man auch immer die ursprünglichen Intentionen des Dichters gedeutet hat.

5.2 Mario und der Zauberer

S. 69: **Capannen:** Badehütten.

S. 70: **Pineta:** Pinienwäldchen.

Cornetti al burro: Buttergebäck, eine Art Kipfel.

S. 71: **Pranzo:** Die italienische Hauptmahlzeit, die gewöhnlich gegen Abend eingenommen wird.

S. 72: **Principe:** Fürst. Principessa = Fürstin.

Dependance: Nebengebäude eines Hotels.

Byzantinismus: verächtliche Bezeichnung für schmeichlerisch-unterwürfige Haltung gegenüber Höhergestellten, nach dem Hofzeremoniell des oströmischen Kaiserreiches.

S. 73: **Duse:** Eleonora D. (1859–1924).

S. 74: kriecherische **Korruption:** eigentlich Bestechlichkeit, hier übertragen im Sinne Parteilichkeit, besonders aus politischer Voreingenommenheit, nationaler Überheblichkeit oder auch Furcht vor den derzeitigen Machthabern.

legitimieren: eigentlich: zum Rechtszustand erheben, hier: rechtfertigen.

S. 75: **Mediokrität:** Mittelmäßigkeit, Durchschnittlichkeit.

„Rispondi al meno!: Antworte wenigstens!

„das antikische Heldenjammergeschrei“: heitere Anspielung auf die von Homer breit geschilderten Klagen und das laute Weinen der Helden der „Ilias“.

S. 77: **Schniepel:** spöttische Bezeichnung für Frack; hier ist wohl ein langer schwarzer Rock (Gehrock) gemeint. Die Bekleidung dieses Herrn erinnert an die zeitweilige Marotte der italienischen Faschisten, auch unter ungeeignetsten klimatischen und Witterungsverhältnissen stets in würdevoller Kleidung aufzutreten.

Philippika: ursprünglich die Reden des Demosthenes gegen Philipp von Mazedonien; nach ihnen benannte Cicero seine 14 orationes Philippicae gegen Antonius; übertragen allgemein Strafrede.

Suade: lateinisch suada = Redefluß.

Euphemismus: beschönigende Darstellungsweise.

S. 78: **Municipio:** Stadthaus, Rathaus.

Aperçu: geistreiche Randbemerkung.

S. 79: **Scirocco:** Schirokko, heißer, in Italien meist feuchtheißer Südwind des Mittelmeergebietes.

Cavaliere: im ehemaligen Königreich Italien Anrede für die Inhaber der untersten Ordensklasse.

Forzatore, Illusionista, Prestigatore: Kraftmensch, Zauberkünstler, Taschenspieler.

S. 81: **autochthone** Männlichkeit: autochthon = bodenständig, an Ort und Stelle entstanden, in der Wirtschaft auch erzeugt; hier scherzhaft für einheimische Männer.

„Frutti di mare“: Erzeugnisse des Fischfanges, darunter auch Muscheln, Seerosen, Tintenfische.

S. 82: **„Pronti“, „Cominciamo!“:** Schnell! Anfangen!

S. 84: **„Buona sera!“:** Guten Abend.

Paura: Angst.

„Ha sciolto lo scilinguagnolo“: etwa: er hat ein gutes Mundwerk.

S. 85: **Giovanotto:** junger Mann.

„sistema americano, sa' “: nach amerikanischem System, weiß du.

S. 86: **„questo linguista di belle speranze“:** dieser hoffnungsvolle Sprachgewaltige.

Corriere della Sera: Abendbote: viel gelesene italienische Tageszeitung liberaler Richtung in Mailand.

S. 87: **Donnaiuolo:** Weiberheld, Schürzenjäger.

„Parla benissimo“: er spricht sehr gut.

Ingredienz: eigentlich Bestandteil einer Mischung oder eines chemischen Stoffes.

S. 89: **„Non so scrivere“:** ich kann nicht schreiben.

S. 90: **„der nubischen Haartracht:** hochgekämmte Haare, Stehhaare, modische Frisur der Zeit um 1925, aber keineswegs typisch faschistisch.

S. 91: des **gastrischen Systems:** des Verdauungsapparates.

S. 92: **„Il boit beaucoup“:** französisch: er trinkt viel.

S. 93: **Crayon:** französisch: Bleistift.

S. 94: **Terminus:** Fachausdruck.

S. 96: **„E servito“:** ich stehe zu Diensten.

„lavora bene“: er arbeitet gut.

S. 97: **vexatorisch:** irreführend, rätselhaft.

Amalgam: Gemisch.

S. 98: **„Pensez trés fort!“** französisch: denken Sie scharf nach.

vénération: französisch: Verehrung.

S. 100: **Faszination:** Bezauberung, Verblendung.

S. 101: **„una cioccolata e biscotto“:** eine Schokolade und Zwiebäkke;

„Subito“: sofort.

S. 102: **Kataleptisch:** in Starrkrampf versetzt, empfindungslos.

S. 103: **Colonello:** Oberst.

S. 104: **„Accidente!“:** italienischer Fluch.

S. 105: **Somnambulismus:** Nacht-, Traumwandeln.

S. 106: **Balla!:** Tanz!

S. 107: **„Una ballatina!“:** ein Tänzchen.

Kirke: Zauberin in Homers „Odyssee“.

Tarantella: schneller neapolitanischer Volkstanz im Dreiachtel- oder Sechsachteltakt.

S. 109: **„ragozzo mio“:** mein Junge.

S. 110: **Ganymed:** Jüngling, der von Zeus wegen seiner Schönheit zum Olymp erhoben und dort zum Mundschenk gemacht wurde.

S. 112: **Meeresobst:** wörtliche Übersetzung von „Frutti de mare“.

5.3 Die Handlung im Überblick

Lebhaft wird das Leben und Treiben dargestellt, aber die Erinnerung ist „atmosphärisch unangenehm“, von Anfang an lagen „Ärger, Gereiztheit, Überspannung in der Luft“, und „zum Schluß kam dann der Schock mit diesem schrecklichen Cipolla, in dessen Person sich das eigentümlich Bösartige der Stimmung auf verhängnishafte und übrigens menschlich sehr eindrucksvolle Weise zu verkörpern und bedrohlich zusammenzudrängen schien“. Gottlob haben die Kinder das Ende mit Schrecken nicht verstanden, und „man hat sie in dem glücklichen Glauben gelassen, daß alles Theater gewesen sei“.

Man war zu früh, bereits im August, als die italienische Saison noch im Flor stand, gekommen. Aber das Mißvergnügen, das über den Erzähler kommt, beruht doch nicht so sehr auf der Überfüllung und dem Trubel des Kurbetriebes, auch nicht auf der Hitze unter erbarmungslos glühender Sonne. Es lag an der menschlichen Atmosphäre. Politisches ging um, die „Idee der Nation war im Spiele“. Das Publikum „hielt auf sich“, es spielte sich selbst und den Fremden eine Würde, eine Haltung und wach aufgerichtete Ehrliebe vor, die keine Zwanglosigkeit im Umgang mehr aufkommen ließ. Das begann für den Erzähler mit unliebsamen Vorfällen im Grand-Hotel, wo die kriecherische Unterwürfigkeit des Personals vor der römischen Prominenz ihn zum Auszug veranlaßte. Was aber am meisten verstimmte, war die Erfahrung, daß auch die Kinder bereits unter der patriotischen Überheblichkeit der italienischen Altersgenossen zu leiden hatten. Es gab Empfindlichkeiten und Äußerungen eines Selbstgefühls, das „zu heikel und lehrhaft erschien, um seinen Namen ganz zu verdienen". Es wird schwer, den Kleinen klarzumachen, daß diese Leute etwas durchmachen „wie eine Krankheit". Noch peinlicher war ein Zusammenstoß mit der phrasenhaften altrömischen Sittlichkeit der faschistischen Gesellschaft, den das achtjährige Töchterchen in aller Harmlosigkeit und Unschuld hervorruft, und der maßlos aufgebauscht wird und zu Komplikationen mit den Behörden führt.

Bei soviel Mißvergnügen ist es eigentlich rätselhaft, daß die Familie sich nicht entschließt, abzureisen. Der Erzähler gibt zwei Gründe dafür: die Trägheit, die uns in peinlichen Situationen festhält, und vor allem die Abneigung dagegen, nach unliebsamen Vorkommnissen das Feld zu räumen und damit zuzugeben, daß man sich unmöglich gemacht hat: „Soll man abreisen, wenn das Leben sich ein bißchen unheimlich, nicht ganz geheuer oder etwas peinlich anläßt?" So blieb die Familie und „erlebte als schrecklichen Lohn der Standhaftigkeit die eindrucksvoll-unselige Erscheinung Cipollas".

Vielleicht war auch die Tatsache, daß die Nachsaison eingesetzt und das Leben im Badeort sich normalisiert hatte, „sowohl intimer wie europäischer" wurde, mitbestimmend für den Entschluß zu bleiben. Jetzt kündigte Cipolla sein Auftreten an. Er nannte sich Zauberkünstler und Taschenspieler. Das veranlaßte die Kinder zum Wunsch, die Darbietungen zu sehen, und in der Meinung, daß Cipolla ein bescheidener Vertreter der Artistik sei, entschloß sich der Erzähler, Karten für die Vorstellung zu erwerben. Mit höchster Aufregung erwarteten die Kleinen den Beginn der Vorstellung, der auf sich warten ließ. Die Wartezeit verkürzten sich die Besucher und besonders die Kinder damit, das Publikum zu beobachten, vor allem die Einheimischen, die sich auf den Stehplätzen drängten, und unter denen die Kinder manchen Bekannten vom Strand und aus den Gaststätten wiederfanden, unter ihnen auch Mario, den Kellnerburschen aus dem „Exquisito", der ihnen so oft die Schokolade brachte, und dessen Freundlichkeit sie schätzten. Allmählich wird das Publikum unruhig, als der Zauberkünstler gar zu lange auf sich warten läßt. Es beginnt zu applaudieren, um seine Ungeduld auszudrücken. Plötzlich tritt Cipolla im Geschwindschritt auf. Er ist ein Mann unbestimmten Alters, an dem vor allem der körperliche Schaden, ein nach unten verlagerter Buckel, ein Gesäßbuckel, auffällt. Zu seinen Requisiten gehören vor allem zahlreiche Zigaretten, eine Flasche Kognak, der er eifrig zuspricht und eine anfangs verborgen gehaltene Reitpeitsche mit Klauengriff. Aber in seinem Auftreten liegt nichts von Clownerie oder auch nur Scherzhaftigkeit, im Gegenteil „sprechen strenge Ernsthaftigkeit, Ablehnung alles Humoristischen, ein eigentlich übellauniger Stolz, auch jene Würde und Selbstgefälligkeit des Krüppels daraus". Der Anfang der Vorstellung belehrt das deutsche Ehepaar auch bald darüber, daß es nicht richtig war, die Kinder mitzunehmen. Zwar hatte sich Cipolla als Zauberkünstler und Taschenspieler angekündigt, aber es stellt sich bald heraus, daß er nichts dergleichen ist, sondern ein Hypnotiseur. Er verbrämt seine Darbietungen mit patriotisch-faschistischen Phrasen. Aber es bleibt unverkennbar, daß er mit hämischem Vergnügen seine Fähigkeiten dazu mißbraucht, die Menschenwürde seiner Opfer anzugreifen, seinem Haß auf das Gesunde, Geradgewachsene die Zügel schießen zu lassen und mit der Einfalt dieser einfachen Menschen seinen übermütigen Spott zu treiben. Dabei spricht er ununterbrochen und setzt seinen Redefluß nur aus, um zu trinken. Er beginnt mit einfachen Rechen- und Kartenexperimenten. Ein junger Bursche weist ihn, als er sich über die Unbildung einiger Ortsbewohner empört, zurecht, als Antwort suggeriert Cipolla ihm eine Leibeskolik, die ihn zum Gespött des Publikums macht.

Der Erzähler erwägt, ob es nicht richtig sei, die Kinder nach Hause und zu Bett zu bringen, da auch die Zeit wegen des verspäteten Beginns bereits fortgeschritten ist. Aber sie sind zu aufgeregt über das, was sie sahen und als reinen Spaß nahmen, es würde schwer sein, sie ohne Aufsehen fortzubringen. Auch das naive Publikum freut sich an der Vorstellung, die zunächst noch zum Teil die Möglichkeit des Taschenspielertricks offen läßt. Aber bald geht Cipolla zu eindeutig hypnotischen Experimenten über, die viel Beifall finden, vor allem, als er die Glanzzeit im Leben der Signora Angiolieri, der Witwe der Erzählerfamilie, die eine Zeitlang Garderobiere oder Kammerfrau bei der Duse war, vom Ruhm der Schauspielerin her zu einer nationalen Kundgebung macht. In der Pause möchte der Erzähler erneut mit den Kindern weggehen, aber sie leisten flehentlichen Widerstand, sie finden es herrlich beim Zauberer und der Vater gibt nach. Er selbst hat das Gefühl, daß er sich, so imponierend die Leistung Cipollas ist, doch nicht unterhält, und daß auch ein großer Teil des Publikums seine Stimmung teilt. Er fühlt sich unbehaglich, findet das Spiel mit dem menschlichen Willen kränkend und bedrückend, aber er bleibt doch.

Nach der Pause setzt Cipolla seine hypnotischen Experimente fort. Er erweist sich als der stärkste Hypnotiseur, der dem Erzähler jemals in seinem Leben vorgekommen ist. Zwei Dinge spielen bei seinen Triumphen eine Hauptrolle, das Stärkungsgläschen und die Reitpeitsche. Aber er behauptet gegenüber dem Publikum, das gelegentlich Mitleid mit den Opfern seiner Experimente äußert, daß er selbst das Opfer ist, das alles erduldet. Er findet auch stets genügend Leute, die sich bereitwilligst für seine Vorführungen zur Verfügung stellen, denen es offenbar Freude macht, ihren Willen ausschalten zu lassen, und nicht nur unter den einfachen Einheimischen, sondern auch unter den ausländischen Gästen. Ein römischer Jüngling erbietet sich, seinem Willen Widerstand zu leisten, aber auch er erliegt. Das bloße Nichtwollen, so folgert der Erzähler, genügt offenbar nicht. Zum Schluß ruft Cipolla Mario, den Kellnerburschen, zu sich. Er dringt durch Fragen bis in seine intimste Lebensphäre vor, seine unglückliche Liebe zu einem Mädchen namens Silvestra. Er zwingt Mario, ihn, den häßlichen Buckel, als Silvestra zärtlich zu küssen. Aber Mario erwacht plötzlich aus der Willensverstrickung. „Er stand und starrte, hinübergebogenen Leibes, drückte die Hände an seine mißbrauchten Lippen, eine über die andere, schlug sich dann mit den Knöcheln beider mehrmals gegen die Schläfen, machte kehrt und stürzte, während der Saal applaudierte und Cipolla, die Hände im Schoß gefaltet, mit den Schultern lachte, die Stufen hinunter." Während Cipolla noch immer lachend seinen Triumph genießt, wendete Mario sich plötzlich, „schleuderte den Arm empor, und zwei flach schmetternde Detonationen durchschlugen Beifall und Gelächter". Cipolla, der verblüfft vom Stuhl aufgesprungen ist, bricht zusammen und bleibt „reglos, wie ein durcheinandergeworfenes Bündel Kleider und schiefer Knochen" liegen. Der Tumult ist grenzenlos. Man stürmt das Podium, man wirft sich auf Mario, um ihm die Waffe zu entwinden. Der Erzähler schließt: „Wir nahmen – nun also doch – die Kinder und zogen sie an dem einschreitenden Karabinierepaar vorüber gegen den Ausgang." „War das auch das Ende?" wollten sie wissen, um sicher zu gehen . . . „Ja, das war das Ende", bestätigten wir ihnen. Ein Ende mit Schrecken, ein höchst fatales Ende. Und ein befreiendes Ende dennoch, ich konnte und kann nicht umhin, es so zu empfinden!"

5.4 „Warnung vor der Vergewaltigung durch das diktatorische Wesen" (On Myself)

Die Novelle gliedert sich in einen Ankündigungsabsatz, der unmißverständlich auf die mitzuteilende Katastrophe hinweist, einen ungewöhnlich breit angelegten beschreibenden Einleitungsteil, der die Atmosphäre des Handlungsortes und der Handlungszeit einfängt und der mit Hilfe verschiedener Episoden – im Grandhotel und am Badestrand – den politisch-sozialen Hintergrund mit kräftigen Pinselstrichen malt. Im zweiten, dem dramatisch bewegten Hauptteil, vollzieht sich der Auftritt des Hypnotiseurs bis zu seinem gewaltsamen Tod. Wenige letzte Zeilen nehmen das Kernmotiv des Ankündigungsabsatzes wieder auf: „Ein Ende mit Schrecken . . .", und der Erzählrahmen schließt sich.

Der Erzähler bleibt anonym. Auch die Namen der Kinder werden nicht genannt – „unser Töchterchen" heißt es, oder „die achtjährige". Eine frische Unmittelbarkeit, das Gefühl des Dabeiseins entsteht durch die Ich- bzw. Wirform der Erzählung und durch keineswegs seltene direkte Hinwendungen zum Leser. Es wird gewissermaßen vorausgesetzt, daß der Leser dem Erzähler so vertraut ist, wie ein guter Bekannter, dem man eben einen Ferienbericht zukommen läßt. Dieser Eindruck der leichten Hand ist ein gewollter und meisterhaft gelungener Kunstgriff. Tatsächlich ist die Novelle streng gegliedert und mit Konsequenz auf stetig ansteigende Spannung angelegt. Kompositorische und formal-künstlerische Vollkommenheit tragen dazu bei, „Mario und der Zauberer" als eine der bedeutenden Erzählungen Thomas Manns auszuweisen.

Georg Lukács schlägt einen weiten Bogen, wenn er an die andere große Italien-Novelle des Dichters erinnert: „Die Wehrlosigkeit gegen die Mächte der Finsternis hat Thomas Mann schon früher erkannt und im ‚Tod in Venedig' ergreifend ironisch geschildert.

Wenige Jahre vor der Machtergreifung Hitlers nimmt Thomas Mann das Thema wieder auf und gibt ihm eine großartige allgemeine Fassung in der Novelle ‚Mario und der Zauberer'." (Georg Lukás, S. 100). Es handelt sich um einen Kontrast, der verwundern muß: Badeferien, Strandleben, südliche Sonne – und „die Mächte der Finsternis". Doch schon der erste Satz mit seinem „atmosphärisch unangenehm" injiziert dem Leser einen Schuß jenen Unbehagens, der als **Grundstimmung** die Geschichte durchdringt: Torre di Venere ist nicht mehr als Idyll, das es einmal war; das gastronomische Niveau bleibt saisonbedingt unbefriedigend; im Grand Hotel wird man als Gast zweiten Ranges behandelt und schließlich auf Betreiben einer keuchhustenscheuen Fürstin sogar aus dem angestammten Domizil gewiesen. Das (retardierende) Ende der Mißhelligkeiten scheint gekommen nach dem Umzug ins Pensionshaus der früheren Duse-Gesellschafterin Angiolieri. Jedoch gelassenes Ferienbehagen will sich nicht einstellen. Der Ärger wirkt nach. Überdies ist es ein Prachtsommer, und der nordische Mensch empfindet den Dauerglanz der „Sonne Homers" als unangenehm und lästig. Am schlimmsten aber kommt dem Erzähler der hautnahe Strandkontakt zur „inländischen Mittelklasse" an – die Stimmen der Frauen, das ungezogene Treiben eines wehleidigen Zwölfjährigen. Doch das ist es nicht allein. Eine merkwürdige Stimmung liegt über der Szenerie, und der Leser erkennt mit dem Erzähler, hier sei Politisches im Spiel. Bei näherem Hinsehen treten Einzelheiten hervor: die Idee der Nation, patriotische Kinder, ein Flaggenzwist und chauvinistische Tiraden. Es kommt zu jenem unangenehmen Auftritt mit dem „Herrn im Schniepel", der die unschuldige Nacktheit der achtjährigen Tochter des Erzählers zum Vorwand nimmt, sich verstiegen-patriotisch zu produzieren. Diktaturimmanente Kleinbürgerwildheit setzt den Apparat der Exekutive in Gang; der Erzähler muß mit ins Rathaus und wird im Polizeibüro abgestraft mit 50 Lire. Als Überleitung zum zweiten Hauptteil der Novelle erörtert der Erzähler die Frage nach der nun eigentlich naheliegenden Abreise. Seine Antwort läuft darauf hinaus, daß auch Unheimliches seine eigene Attraktivität besitze.

Der politisch-soziale Hintergrund für den Cipolla-Auftritt ist ausgemalt, die Grundstimmung der Erzählung bis zu diesem Handlungspunkt getragen und die gesellschaftliche Grundstruktur der faschistischen Neudiktatur Italien ins Leserbewußtsein gehoben: da sind die Mitglieder der privilegierten großen Gesellschaft, repräsentiert durch die Fürstin im Grand Hotel, die chauvinistisch verhetzten Kleinbürger, deren einer der Herr im Schniepel ist. Das Bild wäre jedoch unvollständig, wollte man nicht der Gestalten aus dem Volke Erwähnung tun: die Kellner und Pagen des Grand Hotels, das „sehr kinderliebe" Personal. Sie sind nicht die einzigen, welche einer betont freundlichen Erinnerung für wert befunden werden. Auch Signora Angiolieri, eine an der Seite der Duse weitgereiste Dame, gehört dazu und ebenso ein zufälliger Tischgefährte in der Pension, der sich erboten hatte, den Schniepelträger „landsmannschaftlich" zur Rede zu stellen.

Unmittelbar anschließend an die Erörterung der Heimreisefrage wird das **Motiv des Unbehagens** wieder aufgenommen. Durch den Beginn der Nachsaison fällt zwar manches Ärgernis weg, man befindet sich ganz wohl, aber es ist „das Wort Wohlbefinden in der Abschattung zu verstehen, die der Ortsdämon ihm zuteil werden ließ."

Ein allfälliger Wetterwechsel bringt keine Erleichterung. Die Sonnenglut weicht stickiger Schwüle, die mit einer Quallenplage einhergeht. Der Saal für den Cipolla-Auftritt erweist sich als schäbige Bretterbude. Die Vorstellung beginnt viel zu spät für die übermüdeten Kinder. Den einzigen freundlichen Farbtupfer in diese Tristesse setzen die Menschen aus dem Volk: Fischer, Kellner, Bedienstete des Strandbetriebes – unter ihnen „Mario vom ‚Esquisito', Mario, der uns die Schokolade bringt!"

Während der folgenden Szene sorgt der Widerspruch zwischen dem Charakter von Cipollas Darbietungen und der Anwesenheit der Kinder des Erzählers dafür, daß das allgegenwärtige Gefühl des Mißbehagens keinen Augenblick lang ernsthaft zurücktritt. In nicht geringem Grade wirkt die Ausstrahlung des Zauberers, wirken seine hypnotischen Machtproben daran mit. Je zynischer sie werden, je menschenverachtender, um so lastender verdichtet sich das Unbehagen des Erzählers, der sich dennoch der Situation nicht zu entziehen vermag, bis es schließlich zu dem angekündigten „Ende mit Schrecken" kommt. Der erniedrigte Mario tötet den Hypnotiseur mit zwei Schüssen – und der Erzähler atmet befreit auf. Zum erstenmal im Verlaufe der Handlung weicht permanente Bedrückung einer echten Erleichterung. Dies ist **die kompositorische Pointe** der Novelle.

Die Cipolla-Gestalt steht mit einem Teil ihres Wesens in der Tradition des Frühwerks. Es finden sich – freilich wie von einem Zerrspiegel verändert – Grundzüge der frühen Novellenhelden: die körperliche Behinderung, das Anderssein als die Masse, die Ausübung eines (klein)künstlerischen Berufes; die Selbstaufpeitschung mit Alkohol und Nikotin, um bis an die Leistungsgrenze vorzudringen, bietet gewissermaßen das Bild eines „Moralisten der Haltung" mit umgekehrtem Vorzeichen. Die Faszination der Cipolla-Gestalt spiegelt sich in mannigfaltigen Kommentaren der Sekundärliteratur wider. Er sei ein Verzauberer, vor allem aber ein Faschist (Hans Mayer), ein schäbiger

Hypnotiseur (Ignace Feuerlicht), er personifiziere eine Karikatur auf Nietzsches „Übermenschen"-Philosophie (Eberhard Hielscher), er sei zugleich Abbild und Ergebnis faschistischer Lebensweise (Inge Diersen), Cipolla bedeute zwar nicht Mussolini (Georg Lukács), er tue jedoch im Kleinen dasselbe wie der Duce im Großen (Inge Diersen).

Weitgehend einig ist sich – bei aller sonstigen Differenziertheit – die Sekundärliteratur hinsichtlich des **zentralen Problems** der Erzählung, das 1930 vor dem Hintergrund der heraufziehenden faschistischen Bedrohung in Deutschland weit mehr als nur theoretische Bedeutung hatte: der Widerstand gegen diktatorische Gewalt.

Geben wir in diesem Zusammenhang noch einmal Georg Lukács das Wort: „Die Novelle ‚Mario und der Zauberer' ist bereits ein frontaler Angriff gegen die faschistische Demagogie.

In dieser Novelle tritt die Weltanschauung des reifen Thomas Mann besonders scharf zutage. Eine der Gestalten der Novelle, ein Herr aus Rom, widersetzt sich der faschistischen ‚Verzauberung', der Massensuggestion, unterliegt jedoch. Der Grund seines Schiffbruchs ist, wie Thomas Mann mit künstlerischen Mitteln zeigt, der bloß negative Charakter seines Widerstandes. Es ist vergebliche Mühe – so ehrlich gemeint es auch sein mag –, die faschistische Unmenschlichkeit einfach abzulehnen: das bloße Nein ist an sich kraftlos und im voraus zum Scheitern verurteilt. Den verlogenen faschistischen Pseudoidealen muß man echte, gutfundierte Ideale entgegenhalten, wenn wir wirklich wollen, daß die gute Sache siegt. Das bedeutet, auf die Literatur bezogen, daß ohne positive Perspektive keine wirkungsvolle realistische Literatur existiert" (Der letzte große Vertreter des kritischen Realismus, S. 193).

„Verstand ich den Vorgang recht", läßt Thomas Mann den Erzähler sagen, „so unterlag dieser Herr der Negativität seiner Kampfposition. Wahrscheinlich kann man vom Nichtwollen seelich nicht leben; eine Sache nicht wollen und überhaupt nicht mehr wollen, also das Geforderte dennoch tun, das liegt vielleicht zu benachbart, als daß nicht die Freiheitsidee dazwischen ins Gedränge geraten müßte . . ."

So wird denn der individuellen Tat Marios eindeutig der Vorzug gegeben vor dem intelektuell motivierten „Nichttun" des Herrn aus Rom. Der Schuß löst den Bann der Massensuggestion. Die individuelle Mordtat ist hier Befreiung von einem unmenschlichen Kollektivismus, wie er – überträgt man das symbolische Geschehen ins Politische – in zunehmender Weise den faschistischen, italienischen Staat zu prägen begonnen hatte und als drohendes, künftiges Schicksal auch vor dem Volk Thomas Manns stand.

Von hier aus wird die Funktion des breiten Einleitungsteiles der Novelle deutlich: eben das Ausmalen eines perspektivisch bedrohlichen Gesellschaftszustandes.

Es bleibt anzumerken, daß alle im Einleitungsteil vorgeführten Kräftegruppierungen in der Zaubervorstellung ihren Platz finden: die gesellschaftliche Oberschicht durch die Erwähnung des Duce-Bruders und die Anwesenheit einer anonymen Schar von Gästen des Grand Hotels, die Publikumsmasse der verführbaren Kleinbürger und endlich die einzige Gruppierung, mit der Cipolla ernstzunehmende oppositionelle Schwierigkeiten auszufechten hat – das Volk. Aus seiner Mitte wird schließlich die befreiende Tat vollbracht. Vorzugsweise marxistische Interpreten sind es, die dies im Sinne einer historischen Perspektive deuten.

Die soziale und politische Wirklichkeit des faschistischen Italien ist in der Erzählung auf vielfältige Weise gegenwärtig. Sie bildet gleichsam die düstere Kulisse für all die vom Erzähler beklagten Mißhelligkeiten zwischen Wetter und Gastronomie, Strandleben und Kurortatmosphäre. Damit erweist sich die Mario-Novelle als ein Schritt „auf das Feld der engagierten Literatur" (Werner Zimmermann, a. a. O., S. 287). Ihre literarische Figurwerdung findet dieses Engagement Thomas Manns gegen die heraufkommende faschistische Bedrohung Europas in dem Zauberer Cipolla: „Nach Cipollas Darlegung wäre . . . seine hypnotische Kunst nichts anderes als die Beschwörung eines Gemeinschaftswillens, in dem eine ‚unauflösliche Einheit' von Befehlen und Gehorchen bestünde. Indem er nun diese Begriffe auch noch vergleichsweise durch die einige Jahre später sattsam bekannt gewordene Formel von ‚Volk und Führer' illustriert, wird damit zugleich die ‚völkische' Ideologie der zwanziger Jahre in Deutschland und das Verhältnis des ‚Duce' zu seiner faschistischen Gefolgschaft parodiert.

Zusammenfassend läßt sich sagen, daß alle Auskünfte und theoretischen Darlegungen des Erzählers über die äußeren und inneren Kräfte des Magiers darauf abzielen, den ‚zweideutig-unsauberen und unentwirrbaren Charakter' der faschistischen Diktaturen und ihrer die Masse teils betäubenden, teils aufpeitschenden, in jedem Falle Vernunft und Gewissen abtötenden Ideologien und Praktiken bloßzulegen." (Werner Zimmermann, a. a. O., S. 296).

Nicht minder wichtig ist in unserem Zusammenhang das Verhalten des Publikums, welches nach dem Willen Thomas Manns jedwede hypnotische Vergewaltigung widerspruchslos hinnimmt, ja sogar Bewunderung erkennen läßt. Der Erzähler deutet dies als Folge mangelnder Einsicht, ungenügenden Begreifens dessen, was eigentlich vor sich geht: „Es liegt auf der Hand, daß diese Darstellung und Deutung der ersten Reaktion des Publikums als Anspielung auf die politische Naivität der breiten Masse gegenüber den demagogischen Verführungskünsten des Faschismus wie überhaupt jeder Art ‚über- oder untervernünftiger' Massenbeeinflussung zu gelten hat. Die mangelnde ‚Einsicht in das Wesen der Dinge' verhindert das Publikum, nach dem gewährten Grundsatz ‚principiis obsta' zu handeln, und ermutigt den ‚Führer' zu immer neuen und immer beschämenderen Akten der Verhöhnung und Erniedrigung." (a. a. O., S. 297). Es führt gewissermaßen eine gerade Linie von Cipollas Aufforderung an Mario „Küsse mich!" zu jenen berühmt-berüchtigten Goebbels-Ausruf „Wollt ihr den totalen Krieg?!"

In seinem Vortrag „On Myself", den Thomas Mann am 2. und 3. Mai 1940 in englischer Sprache vor Studenten der Princeton University hielt, führte er über „Mario und der Zauberer" aus:

„Die politisch-moralische Anspielung, in Worten nirgends ausgesprochen, wurde damals in Deutschland, lange vor 1933, recht wohl verstanden, mit Sympathie oder Ärger verstanden: die Warnung vor der Vergewaltigung durch das diktatorische Wesen, die in der menschlichen Befreiungskatastrophe des Schlusses überwunden und zunichte wird."

5.5 Der Zauberer Cipolla

Der Hypnotiseur ist die Erscheinung, in der sich alles „bedrohlich zusammenzudrängen" scheint, was nach der umfangreichen Einleitung der Novelle diesen Ferienaufenthalt atmosphärisch unangenehm machte. Er hat sich eigentlich unter falscher Voraussetzung eingeführt. Als Zauberer und Taschenspieler kündigte er sich an. Schon seine erste Darbietung, die Hypnose des jungen Burschen mit der „Modefrisur des erwachten Vaterlandes", dessen vorlaute Art dadurch bestraft wird, daß er sich unter fremdem Willen vor dem Publikum lächerlich macht, zeigt die doppelte Tendenz seiner Darbietungen. Er sucht Spannungen im Saal auf und nützt sie für seine Zwecke aus. Er spielt die Zuschauer gegeneinander aus ohne Rücksicht auf ihre geheimsten Gefühle. Es ist die Rache des vom Leben Vernachlässigten an der Umwelt, eine Kette von Handlungen des Ressentiments, hier der Überheblichkeit, des unverhüllten Spottes. Die andere Absicht drückt er gleich bei der ersten Darbietung aus: „Du tust, was du willst. Oder hast du schon einmal nicht getan, was du wolltest? Oder gar getan, was du nicht wolltest? Was du nicht wolltest? Höre, mein Freund, es müßte bequem und lustig sein, nicht immer so den ganzen Kerl spielen und für beides aufkommen zu müssen, das Wollen und das Tun. Arbeitsteilung müßte da einmal eintreten – sistema americano." Aber auch als er den Burschen gedemütigt hat, gibt er keine Ruhe. Cipolla verspottet ihn, und wenn der Erzähler auch annehmen muß, daß er sich jeden Abend irgend einen geeigneten Zuschauer aufs Korn nimmt, um mit ihm seine Späße zu treiben, es bleibt doch allzu fühlbar, daß ihn „zähe Empfindlichkeit und Animosität" beherrschen, daß „aus seinen Spitzen doch echte Gehässigkeit sprach, über deren menschlichen Sinn ein Blick auf die Körperlichkeit beider belehrt haben würde, auch wenn der Verwachsene nicht beständig auf das ohne weiteres vorausgesetzte Glück des hübschen Jungen bei den Frauen angespielt hätte".

Sein unverhüllter Spott wird von dem unbefangenen Publikum als Spaß genommen, und wenn er bei seinen „Häkeleien mit Einzelpersonen" auch „ernst und verdrießlich" bleibt, sein Publikum, „wenigstens in seinen volkstümlichen Elementen schien jedenfalls der Meinung zu sein, daß dergleichen zur Sache gehöre". Ausdrücklich hebt der Erzähler hervor, daß Cipollas Art, mit dem Publikum zu spielen, den Kindern sehr gefiel. Das Publikum aber sieht um so eher darüber hinweg, als er verblüffende Beweise seiner Fähigkeiten als Hypnotiseur gibt. Was er dem jungen Burschen versprach, die „Arbeitsteilung", bei der er das Wollen, der andere das Tun übernimmt, setzt er an zahlreichen anderen fort. Es geht darum, den Willen zu brechen und dem Opfer, das sich zum Versuch bereit findet, das Bewußtsein der Beherrschung des eigenen Körpers zu nehmen, es nach dem Willen des „Zauberers" tanzen, zappeln, weinen und lachen zu lassen.

Dazu braucht Cipolla das unwürdige, unmenschliche Hilfsmittel der pfeifenden Reitpeitsche, das seine Macht über den Willen und damit auch den Körper des anderen auf abstoßende Weise symbolisiert. Aber, wenn Cipolla auch immer wieder der Stärkung aus der Kognakflasche bedarf, was mit der möglichen Erschöpfung durch die Übernahme des fremden Willens erklärt werden mag, er schlägt doch als „Persönlichkeit von strenger Selbstsicherheit" sein Publikum in Bann, „obgleich es . . . nicht ohne widerspenstiges Gefühl für das eigentümlich Entehrende war, das für den einzelnen in Cipollas Triumphen lag", und das sich auch in mitleidsvollen Zurufen: „Poveretto", die Cipolla auf sich bezogen wissen will, Luft macht.

Die redseligen Erklärungen des Zauberers zu seinen Darbietungen lassen den politischen Hintergrund aufleuchten, der nicht nur in gelegentlichen patriotischen Phrasen sichtbar, sondern geradezu zur Theorie des Spieles mit dem menschlichen Willen erhoben wird. Es kommt darauf an, den Willen auszuschalten, aber die Illusion zu gewinnen, nun erst recht den Willen zu betätigen: „Die Fertigkeit, sagte er, sich seiner selbst zu entäußern, zum Werkzeug zu werden, im unbedingtesten und vollkommensten Sinne zu gehorchen, sei nur die Kehrseite jener anderen, zu wollen und zu befehlen; es sei ein und dieselbe Fähigkeit; Befehlen und Gehorchen, sie bildeten zusammen nur ein Prinzip, eine unauflösliche Einheit; wer zu gehorchen wisse, wisse auch zu befehlen, und ebenso umgekehrt; der eine Gedanke sei in dem anderen einbegriffen, wie Volk und Führer ineinander einbegriffen seien, aber die Leistung, die äußerst strenge und aufreibende Leistung, sei jedenfalls seine, des Führers und Veranstalters, in welchem der Wille Gehorsam, der Gehorsam Wille werde, dessen Person die Geburtsstätte beider sei, und der es also sehr schwer habe." Es ist dies eine präzise Darstellung der faschistischen Theorie vom Führungsstaat. So wie im antiken Rom nicht die Volksversammlung die letzte Entscheidung hatte, sondern das geheimnisvolle Orakel der Götter, dem sich Wille und Tat zu beugen hatten, so wie die Ex-cathedra-Entscheidung des Oberhauptes der Kirche Willen und Glauben aller, die sich zur Kirche bekennen, mit absoluter Gewalt bindet, so ist es im Staate der Wille, die Entscheidung des Führers, des „Duce". Seinen Willen mit dem des Führers in Einklang zu bringen, ist in paradoxer Weise die höchste und edelste Betätigung der Willenskraft. Der einzelne ordnet seinen Willen nach dem des Führers, er überträgt Willen und Befehl, wenn er eine Führerstellung hat, auf die ihm Untergeordneten und so sind „Volk und Führer ineinander einbegriffen". Es ist eine pseudoromantische und verbürgerlichte germanische Gefolgsmannstreue, ein Verhältnis der absoluten Unterordnung unter den einen Willen, wobei natürlich vorausgesetzt ist, daß der Führer immer recht tut, daß aber das Verhältnis von Gehorsam und Wille nicht verändert wird, wenn der einzelne sich durch den Gehorsam ethisch gefährdet, sein Gewissen durch ihn belastet sieht, ja der Wille muß auch dann gleich Gehorsam sein, wenn offenbar Unrecht, vielleicht sogar das Verbrechen befohlen wird. Was der Führer tut, ist in letzter Konsequenz der Kritik der Moral entzogen, einziges verbindliches Gesetz ist allein das, was den Staat fördert, und das weiß allein der Führer. Hier klingt die Theorie an die des „Principe" eines Machiavelli an.

Cipolla geht noch einen Schritt weiter, als es diese Theorie fordern würde. Er demonstriert nicht nur das Wesen der Macht, sondern auch deren Mißbrauch. Sein boshaftes Ressentiment läßt ihn vor nichts haltmachen, er dringt frech in die innersten Regungen, in die sorgsam gehüteten schmerzlichen Geheimnisse seiner Opfer ein, um in hämischer Freude mit ihnen zu spielen, sie zu verwirren. An sich ist der Mensch immer in einer heiklen Situation, wenn der Körper seine eigenen Wege geht, wenn die Klammern des Bewußtseins gelockert werden oder gar zerbrechen und die seelische Kontrolle des körperlichen Tuns aufgehoben ist. Das ganze geistige Sein, Sitte und Sittlichkeit sind dabei bedroht, mit ihnen aber auch die vielleicht kostbarsten und deshalb sorgsam zu hütenden Errungenschaften der menschlichen Entwicklung. Cipolla aber geht im Übermut des Bewußtseins seiner Macht über die Seelen bei Mario noch weiter. Er zerrt in höhnischer Weise das tiefste Erlebnis des Jungen, seine hoffnungslose Liebe zu Silvestra, aus ihm hervor, er zwingt ihn, in ihm selbst, dem häßlichen Krüppel, Silvestra zu küssen. Dann aber gibt er ihn dem Hohn und dem Gelächter des Publikums preis. Er beleidigt seine tiefsten Gefühle, seine Menschenwürde. Der Hypnotiseur stürzt ihn in eine Gefühlswirrnis. Der körperliche Trieb Marios wird getäuscht, in beispiellosem Entzücken erlebt er, als ihm der eigene Wille entzogen ist, die höchste Erfüllung seiner Liebesträume. Aber das plötzliche Aufwecken, das Zurückreißen in die Wirklichkeit stürzen ihn erst recht in eine undurchdringliche Wirrnis von Gefühlen; beleidigter Stolz, schmerzlich gekränkte Liebe, Angst vor dem Fluch der Lächerlichkeit, verletzte menschliche Würde, alles wirkt zusammen, um Mario zum Handeln zu veranlassen, zu der spontanen Affekthandlung, die allem Zauber ein Ende setzt.

Im Mai 1929 führte Thomas Mann vor Münchener Studenten aus: „Das niederschlagende Schauspiel ist uns nicht ungewohnt, daß junge Körper greisenhafte Ideen tragen, sie im kecken Geschwindschritt, Jugendlieder auf den Lippen, den Arm zum römischen Gruß erhoben, dahertragen und den schönen Schwung ihrer Seele daran verschwenden. Es muß die Verwirrung steigern, wenn Jugend dem Alter und vor Alter Bösen ihre biologische Liebenswürdigkeit leiht. Aber es ist nur eine Verwirrung des Augenscheins, ein unbeständiges Trugbild." Das klingt wie eine Erklärung zu „Mario und der Zauberer", der Novelle, die ein Jahr später herauskam, die auch dort gehört werden sollte, wo man nicht nach den Klängen des faschistischen Liedes von der „Giovenezza" marschierte.

Der Dichter hält seinen Lesern das italienische Beispiel vor Augen im Vertrauen darauf, daß die Kräfte des überkommenen bürgerlichen Humanismus noch stark genug seien, Deutschland vor dem Irrtum und Irrweg zu bewahren.

6. Stimmen der Kritik

1 ... Thomas Mann berichtete, seine kritischen essayistischen Schriften seien meist Abfälle seiner Romane und der Vorarbeiten zu diesen Romanen gewesen, wie jede seiner Hauptnovellen im Zusammenhang mit einem seiner Romane geschaffen und erschienen sei. All seine Essays, Novellen und Romane aus bald sechzig Jahren, das weite Werk eines weitgeschrittenen Dichters, zeigen frappante Familienzüge, den steten Dualismus, das laute Theater der gleichen ins Tragische, ins Humoristische abgewandelten Konflikte.

Bürger und Künstler, Gesellschaft und Genie, Kunst und Hölle, Kunst und Hochstapelei, Familie und Außenseiter, Tod und Verklärung, Ordnung und Anarchie, Musik und Politik, Nation und Internationalismus, Kultur und Zivilisation, Stamm und Staat, Krankheit und Vergeistigung, Leben und Tod, Heiliger und Sünde, ad libitum, ins Soziale, Politische, Moralische, Ästhetische, Physisch-Spirituelle, ja Religiöse gewendet, da ist immer dasselbe Motiv tödlicher Bruderkämpfe.

„Die Buddenbrooks", der tragische Familienroman – „Königliche Hoheit", der Versuch einer Komödie in Romanform – die „Bekenntnisse des Hochstaplers Felix Krull", der parodierte Erziehungsroman in Form von Memoiren – der „Zauberberg", der „Roman mit der Innenarchitektur", mit der Erziehung durch Krankheit zum Tod – der biographische Kunstroman „Lotte in Weimar" – sein heiterstes Romanwerk, die Mythenschöpfung „Joseph und seine Brüder" – sein düsterster Roman, der „Doktor Faustus", ein unheimlicher Künstlerroman um eine Figur, gemischt aus Musik und Philosophie, Satanismus und Krankheit, die zum Symbol eines untergehenden, kranken, satanischen Deutschland gemacht ist, der Roman als Oper, wo Thomas Mann aus seiner Ästhetik eine Theologie exzessiver Art machte, eine Dämonologie der Kunst – und die possenhafte Heiligenlegende, „Der Erwählte", wo er dieselbe entfernende, indirekte Spiegeltechnik des zwischengeschalteten Erzählers und Kommentators aus dem alten Epos anwandte wie im „Doktor Faustus", mit dem Vergnügen am „Skurrilen, besonders auch im Erotischen Possenhaften", mit der Lust am „extravaganten Dasein", mit dem verzweifelten und zugleich hoch optimistischen Ausweg ins Parodistische. „Warum muß es mir vorkommen", sagt Thomas Mann, „als ob fast alle, nein, alle Mittel und Konvenienzen der Kunst heute nur noch zur Parodie taugten?"

(Herrmann Kesten: Meine Freunde – die Poeten, S. 54–55)

2 ... So ist denn in der Novelle „Tonio Kröger", die ihr Autor selbst „eine Mischung aus scheinbar heterogenen Elementen: aus Wehmut und Kritik, Innigkeit und Skepsis, *Storm und Nietzsche*, Stimmung und Intellektualismus" genannt hat, – geistesgeschichtlich gesehen – zugleich jene Krise der Jahrhundertwende gestaltet, in der sich der schmerzlich empfundene Durchbruch von der romantischen Erlebnisdichtung zur erkenntniskritischen Dichtung der Moderne vollzieht.

(Werner Zimmermann: Deutsche Prosadichtungen unseres Jahrhunderts, Teil 1, S. 122–123)

3 ... Auch in den späteren Novellen ist viel autobiographisches Material verarbeitet. *Herr und Hund* und *Gesang vom Kindchen* sind unverhohlene, *Unordnung und Frühes Leid* und *Mario und der Zauberer* kaum verhohlene Autobiographie. Hanno Buddenbrook und Tonio Kröger, Prinz Klaus Heinrich und Gustav von Aschenbach, Hans Castorp, Professor Cornelius, Adrian Leverkühn und Felix Krull – alle tragen sie, in einer Vielfalt von Varianten, charakteristische Züge ihres Schöpfers. Dasselbe gilt von seinen literarischen Essays, bei denen zeitgenössische Kritiker häufig fanden, sie befaßten sich weit weniger mit einer Analyse ihres Gegenstandes – Goethe, Schiller, Tschechow – als vielmehr mit einer Selbstanalyse des Schilderers. Nicht einmal seine große biblische Tetralogie verschließt sich gegen diesen Drang nach Selbstenthüllung und Selbstschilderung; die Joseph-Romane sind voller autobiographischer Anspielungen: im Spaziergang Josephs mit seinem kleinen Bruder Benjamin ist eine winzige Kuriosität aus den Spaziergängen Thomas Manns mit seinen beiden ältesten Kindern am

Isarufer aufbewahrt, und einige Seiten vorher ist in einem einzigen Satz das tragisch-unausweichliche Verhältnis Klaus Manns zu seinem Vater zusammengefaßt. Wer wollte, wer könnte, wer dürfte das alles entschlüsseln?

(Peter de Mendelssohn: Von deutscher Repräsentanz, S. 90–91)

4 ... Sein größtes Interesse an den Künsten außerhalb des literarischen Schaffens galt zweifellos immer der Musik, was ja auch thematisch und strukturell in alle seine Werke eingegangen ist.

Zur Malerei hatte er kein sehr lebhaftes Verhältnis. Er merkte schon, was ein gutes Bild war, und besuchte auch gern eine Galerie, aber die Malerei kam doch erst an dritter Stelle. Nummer zwei war die Skulptur, Nummer eins die Musik. Er sagte immer, wenn er noch einmal auf die Welt käme, wäre er gern Dirigent geworden. Als er diesen Wunsch einmal Bruno Walter gegenüber äußerte, erwiderte der ihm: Ach, es ist doch so auch ganz gut; und er hat auch in seinem Buch über den Dichter Thomas Mann geschrieben: „Thomas Mann und die Musik! Beherrscht sie ihn nicht mehr, als er selber ahnt?"

(Katia Mann: Meine ungeschriebenen Memoiren, S. 52)

5 ... *„Tristan, sechs Novellen"*

Man könnte beinah glauben, Thomas Mann habe den Ehrgeiz eines Tausendkünstlers. In den „Buddenbrooks" war er der Athlet, der kaltblütig und sicher mit der Zentnerlast eines Riesenstoffes „arbeitete", im „Tristan" zeigt er sich nun als zierlicher Jongleur, als Meister der Bagatelle. Im Grunde sind freilich beide Bücher so nahe als möglich miteinander verwandt; nur wuchs, was im „Tristan" als flüchtiges Mienenspiel erscheint, in den „Buddenbrooks" durch die Wucht und Einheitlichkeit des Stoffes zur großen tragischen Gebärde. Sein neues Buch mag manchen dazu verführen, es rein als die saubere Arbeit eines sehr raffinierten Artisten zu betrachten; es scheint fast mit seiner kühlen Grazie selbst zu kokettieren. Dennoch ist es mehr als ein technisches Meisterwerkchen. Die sechs Novellen, von denen nur die eine, „Luischen", dauernd unbefriedigt läßt, spielen meist nahe an der Grenze des Burlesken und erinnern zuweilen an irgendwelche alte, tolle songes drolatiques. Sieht man genauer zu, so sind die Ungeheuer keine Ungeheuer, die Fratzen keine Fratzen, es ist nur die scheinbar zufällige, höchst durchdachte und ausstudierte Beleuchtung – sobald wir die Laterne etwas anders stellen, erkennen wir in dem Spuk unsre Freunde, Brüder, Vettern, Nachbarn, manchmal auch wohlbekannte Züge von uns selber. Bei dieser Entdeckung haben wir ein Gefühl, das halb Schrecken, halb Aufatmen ist, halb Befriedigung und halb Enttäuschung, und genau genommen war das auch schon in den „Buddenbrooks" die Grundstimmung. Es gibt Tage, an denen wir die Welt mit einer Mischung von nüchterner Kritik und uneingestandener Sehnsucht betrachten; an diesen Tagen zeigen Menschen und Dinge uns solche Gesichter, wie Thomas Mann sie malt, so zum Lachen ernsthaft und zum Weinen komisch. Wer solche Mischungen braut, ist niemals bloß Artist, sondern muß schon tief aus den Schalen des Ungenügens und der Sehnsucht getrunken haben, ohne die kein Artist zum Dichter wird. So ist „Tristan" ein Buch, in dem man sehr Verschiedenes finden und das man auf sehr verschiedene Weisen genießen kann, ein Buch ausschließlich für literarische Leser, für Kenner; für diese aber wird es zum Delikatesten gehören, was das zu Ende gehende Jahr geboten hat. (1903)

(Hermann Hesse: Eine Literaturgeschichte in Rezensionen und Aufsätzen, S. 435–436).

6 . . . Thomas Mann ist einer der Seltenen, die wir vorbehaltlos bewundern können. In seinem Werk gibt es kein Versagen, so wenig wie in seinem Leben . . . Thomas Mann steht glaubwürdig immer auf der Seite des Geistes, er ist Humanist im vollsten Sinne des Wortes.

(André Gide: Vorwort zu Thomas Mann, Avertissement à l'Europe, S. 299)

7. Literaturverzeichnis

Mann, Thomas: Tonio Kröger/Mario und der Zauberer. Fischer Taschenbuch Nr. 1381.
Tristan. Reclam UB Nr. 6431.
Gesammelte Werke in zwölf Bänden; Frankfurt a. M. 1960.
Briefwechsel 1889–1936 (Hrsg. Erika Mann), Frankfurt a. M. 1962.

Bausteine-Stundenbilder – Thomas Mann: Tonio Kröger, Unterrichtssequenzen; Hollfeld 1984.

Bauer, Arnold: Thomas Mann und die Krise der bürgerlichen Kultur; Berlin 1946.

Bürgin, Hans: Das Werk Thomas Manns. Frankfurt a. M. 1959.

Diersen, Inge: Untersuchungen zu Thomas Mann, Berlin 1959.
Thomas Mann. Episches Werk. Weltanschauung. Leben; Berlin, Weimar 1979.

Dittmann, Ulrich: Tristan. Novelle von Thomas Mann. In: Kindlers Literatur-Lexikon, Bd. 22.

Eichner, Hans: Thomas Mann. Eine Einführung in sein Werk; München 1953.

Feuerlicht, Ignace: Thomas Mann und die Grenzen des Ich; Heidelberg 1966.

Gregor, Martin: Wagner und kein Ende. Richard Wagner im Spiegel von Thomas Manns Prosawerk; Bayreuth 1958.

Hilscher, Eberhard: Thomas Mann. Sein Leben und Werk; Berlin 1971.

Imhoff, Eugen: Thomas Mann „Mario und der Zauberer". In: Der Deutschunterricht, 6/52.

Jäger, Gustav: Lehrpraktische Analysen in Reclams Lesestoffen; Folge VIII (1958).

Klein, Johannes: Geschichte der deutschen Novelle; Wiesbaden 1962 (4. Aufl.).

Matter, Harry: Die Literatur über Thomas Mann. Eine Bibliographie 1898–1969. 2 Bde. Berlin 1972.

Matter, Harry: Mario und der Zauberer. Die Bedeutung der Novelle im Schaffen Thomas Manns. In: Weimarer Beiträge 1960, S. 579–596.

Lang, Wilhelm: ,,Tristan" von Thomas Mann. Genese. Analyse. Kritik. In: Der Deutschunterricht 4/67.

Ludwig, Martin H.: Gesellschaftliche Wirklichkeit und Weltsicht in Thomas Mann, ,,Die Buddenbrooks"; Hollfeld 1978, AR 38.

Lukâcs, Georg: Thomas Mann; Berlin 1957 (5. Aufl.), darin auch: ,,Der letzte große Vertreter des kritischen Realismus".

Mayer, Hans: Thomas Mann. Werk und Entwicklung. Berlin 1950.

Paintner, Peter: Der Tod in Venedig, Der kleine Herr Friedemann und andere frühe Texte; Königs Erläuterungen, Band 47; Hollfeld 1983.

Pörnbacher, Karl: (Hrsg.) Erläuterungen und Dokumente zu Thomas Mann ,,Mario und der Zauberer"; Stuttgart 1980 (mit reichhaltiger Bibliographie).

Schröter, Klaus: Thomas Mann in Selbstzeugnissen und Bilddokumenten. Reinbek 1964 (mit reichhaltiger Bibliographie).

Stresau, Hermann: Thomas Mann und sein Werk; Frankfurt a. M. 1963.

Strich, Fritz: Kunst und Leben. Vorträge und Abhandlungen zur deutschen Literatur; Bern und München 1960.

Thieberger, Richard: Persönliches Engagement und epische Distanz in Thomas Manns Novellen. In: Werk und Wirkung Thomas Manns in unserer Epoche; Berlin und Weimar 1978.

Wiesner, Herbert: ,,Tonio Kröger"; in Kindlers Literatur-Lexikon, Bd. 21.
,,Mario und der Zauberer"; in Kindlers Literatur-Lexikon, Bd. 14.

Wysling, Hans: Quellenkritische Studien zum Werk Thomas Manns; Bern, München 1967 (Thomas-Mann-Studien, Erster Band).
Dokumente und Untersuchungen; Bern, München 1974 (Thomas-Mann-Studien, Dritter Band).

Zimmermann, Werner: Deutsche Prosadichtungen der Gegenwart. Interpretationen für Lehrende und Lernende; Düsseldorf 1958.

Bernd Matzkowski/Ernst Sott

Basisinterpretationen für den Literatur- und Deutschunterricht der Sekundarstufen Band IV

Bestell-Nr. 0599-1
zu 36 modernen deutschen Kurzgeschichten mit Arbeitsfragen

Inhalt: Interpretationen von Kurzgeschichten, die in den beiden Anthologien: **Arbeitstexte für den Unterricht** (Reclam) Dt. Kurzgeschichten 11. bis 13. Schuljahr und

Pratz/Thiel: **Neue deutsche Kurzgeschichten** (Hirschgraben) enthalten sind.

Anmerkungen zur Geschichte und Theorie der Kurzgeschichte
Arbeitsfragen und Interpretationen zu den folgenden Kurzgeschichten:

Aichinger, Das Fenster-Theater – **Aichinger,** Das Plakat – **Andersch,** Blaue Rosen – **Bender,** Fondue oder der Freitisch – **Bender,** Schafsblut – **Bichsel,** San Salvador – **Böll,** Es wird etwas geschehen – **Böll,** Mein trauriges Gesicht – **Borchert,** Das Brot – **Brambach,** Känsterle – **Brecht,** Die Bestie – **Brecht,** Vier Männer und ein Pokerspiel – **Eisenreich,** Am Die Bestie – **Brecht,** Vier Männer und ein Pokerspiel – **Eisenreich,** Am Ziel – **Grass,** Die Linkshänder – **Hildesheimer,** Der Urlaub – **Horst,** Stummes Glockenspiel – **Hühnerfeld,** Geschlossene Gesellschaft – **Huber,** Die neue Wohnung – **Jens,** Bericht über Hattington – **Kaschnitz,** Eisbären – **Kaschnitz,** Die Reise nach Jerusalem – **Kunert,** Lieferung frei Haus – **Kusenberg,** Herr G. steigt aus – **Lampe,** Die Alexanderschlacht – **Langgässer,** Die getreue Antigone – **Lenz,** Der große Wildenberg – **Meckel,** Die Vampire – **Musil,** Der Riese Agoag – **Reinig,** Skorbion – **Schnabel,** Hundert Stunden vor Bangkok – **Schnurre,** Auf der Flucht – **Seuren,** Das Experiment – **Storz,** Lokaltermin – **Walser,** Die Klagen über meine Methoden häufen sich – **Walser,** Die Rückkehr eines Sammlers – **Weyrauch,** Das Ende von Frankfurt am Main – **Kleines Glossar literarischer Begriffe – Literaturhinweise**

Karin Cohrs/Martin H. Ludwig

Basisinterpretationen für den Literatur- und Deutschunterricht der Sekundarstufen Band V

Romane und Novellen des 19. Jahrhunderts,

Bestell-Nr. 0631-9

Aus dem Inhalt:

Einleitung, Politik und Kultur des 19. Jahrhunderts – Interpretationen ausgewählter Romane und Novellen.

Kurzbiographie des Dichters – Entstehung des Werkes – Inhalt – Charaktere – Situationen – Erschließung des Textes (stilistische Besonderheiten, literaturhistorischer Rahmen, gesellschaftliche und politische Bezüge usw.) – Arbeitsfragen.

Hoffmann, Das Fräulein von Scuderi – **Kleist,** Das Erdbeben in Chili – **Mörike,** Maler Nolten – **Gotthelf,** Wie Uli der Knecht glücklich wird – **Storm,** Immensee – **Droste-Hülshoff,** Die Judenbuche – **Raabe,** Die Akten des Vogelsangs – **Fontane,** Der Stechlin – **Eichendorff,** Aus dem Leben eines Taugenichts – **Keller,** Die drei gerechten Kammacher – **Storm,** Hans und Heinz Kirch – **Raabe,** Die schwarze Galeere – **Fontane,** Schach von Wuthenow – **Hauptmann,** Bahnwärter Thiel.

Chemie

Th. Bokorny

Chemie-Gerüst

Wegweiser und Ratgeber für Schüler und Abiturienten.
13. neubearbeitete Auflage
128 Seiten

Bestell-Nr. 0674-2

Dieses kurze, in Tabellenform abgefaßte, Vademecum der Chemie soll kein Lehrbuch oder Lexikon sein, sondern die großen Linien und wissenswerten Teile der modernen Chemie übersichtlich klar und einprägsam veranschaulichen und in Erinnerung bringen.

Thomas Neubert

Chemische Formelsammlung 9.-10. Klasse

36 Seiten

Bestell.-Nr. 0685-8

Hier wurden die wesentlichen Formeln mit Ihren Anwendungsmöglichkeiten aufgezeichnet. Für den Schulunterricht und für häusliches Arbeiten ein wichtiges Hilfsmittel – echte Lernhilfe!

Deutsch

Christian Floto

Basisinterpretationen für den Literatur- und Deutschunterricht I

-Ausgewählte Stücke und Prosa von Shakespeare bis Ionesco-

96 Seiten 2. Auflage

Bestell-Nr. 0589-4
Nach einer kurzen Skizzierung der Literaturepoche werden anhand häufig gelesener Stücke Basisinterpretationen gegeben. Alle Beispiele entstanden im Unterricht der Sekundarstufen.
Folgende Stücke werden u.a. behandelt:
Shakespeare, Hamlet - Lessing, Nathan - Schiller, Wallenstein - Goethe, Iphigenie - Kleist, Marquise von O/Die Verlobung ... - Fontane, Effi Briest - Dostojewski, Der Spieler - Hauptmann, Rose Bernd -Mann, Tonio Kröger - Döblin, Berlin Alexanderplatz - Kafka, Der Prozeß - Brecht, Sezuan - Kipphardt, Oppenheimer - Frisch, Homo Faber - Frisch, Biedermann u. Br. - Ionesco, Die Stühle.

Bernd Matzkowski

Basisinterpretationen für den Literatur- und Deutschunterricht III

Untersuchungen und didaktische Hinweise zum Volksbuch Till Eulenspiegel.

Hinweise auf den Schelmenroman.

80 Seiten

Bestell-Nr. 0598-3

Sachanalyse - Ausgewählte Historien - Motivquerverbindungen zu Schelmenromanen des 16. und 17. Jahrhunderts - Vorschläge für die Behandlung im Unterricht u.a.

Bernd Matzkowski/Ernst Scott

Basisinterpretationen für den Literatur- und Deutschunterricht IV

36 moderne deutsche Kurzgeschichten mit Arbeitsfragen.

112 Seiten

Bestell-Nr. 0599-1

Interpretation der Kurzgeschichten **mit Arbeitsfragen** zu
ARBEITSTEXTE FÜR DEN UNTERRICHT (Reclam)
Deutsche Kurzgeschichten 11.-13. Schuljahr und Pratz/Tiel:
NEUE DEUTSCHE KURZGESCHICHTEN (Deisterweg)

Karin Cohrs/Martin H. Ludwig

Basisinterpretationen für den Literatur- und Deutschunterricht V

Romane und Novellen des 19. Jahrh.

120 Seiten

Bestell-Nr. 0631-9

Aus dem Inhalt:
Einleitung, Politik und Kultur des 19. Jahrhunderts - Interpretationen ausgewählter Romane und Novellen.

Kurzbiographie des Dichters - Entstehung des Werkes - Inhalt - Charaktere - Situationen - Erschließung des Textes (stilistische Besonderheiten, literaturhistorischer Rahmen, gesellschaftliche und politische Bezüge usw.). Arbeitsfragen.
Hoffmann, Das Fräulein von Scuderi - Kleist, Das Erdbeben in Chili - Mörike, Maler Nolten - Gotthelf, Wie Uli der Knecht glücklich wird - Storm, Immensee - Droste-Hülshoff, Die Judenbuche - Raabe, Die Akten des Vogelgesangs - Fontane, Der Stechlin - Eichendorff, Aus dem Leben eines Taugenichts - Keller, Die drei gerechten Kammacher - Storm, Hans und Heinz Kirch - Raabe, Die schwarze Galeere - Fontane, Schach von Wuthenow - Hauptmann, Bahnwärter Thiel

Rüdiger Giese/Christian Floto

Basisinterpretationen für den Literatur- und Deutschunterricht VI

Romane und Novellen aus dem 20.Jahrhundert

112 Seiten

Bestell-Nr. 0473-1

Schnitzler, Leutnant Gustl - Mann, Tod in Venedig - Kafka, Die Verwandlung - Hesse, Der Steppenwolf - Kästner, Fabian - Mann, Mephisto - Zweig, Schachnovelle - Böll, Haus ohne Hüter - Wolf, Der geteilte Himmel - Kempowski, Tadellöser und Wolff

Bausteine - Deutsch

stellt detaillierte Unterrichtsstunden zur Behandlung unterschiedlichster Texte für die Sekundarstufen I und II vor.

Anordnung der Stunden als Sequenzen - Texte und Textanalysen - Didaktisch-methodische Arbeitshinweise - praktisch zu handhaben.

Angesprochen sind Lehrer und Lehramtsanwärter aller Schulformen.

Autoren sind: Praktiker - Ausbilder - Fachwissenschaftler aus allen Schulformen.

Bausteine Lyrik I

Spiel mit Sprache/Lyrischer Humor/Konkrete Poesie

Bestell-Nr. 0650-5

Bausteine Lyrik II

Balladen/Modernes Erzählgedicht/Chanson/Politische Lyrik/Thema- und Motivverwandtschaft.
Bestell-Nr. 0651-3

Gerhart Hauptmann: Die Weber
Bestell-Nr. 0652-1

Max Frisch: Homo Faber
Bestell-Nr. 0653-X

Theodor Storm: Pole Poppenspäler
Bestell-Nr. 0654-8

Albert Camus: Die Pest
Bestell-Nr. 0655-6

George Orwell: 1984/Animal Farm
Bestell-Nr. 0656-4

Thomas Mann: Tonio Kröger
Bestell-Nr. 0657-2

Goethe-Plenzdorf: Werther
Bestell-Nr. 0658-0

Theodor Storm: Schimmelreiter
Bestell-Nr. 0659-9

Gotth. E. Lessing: Nathan der Weise
Bestell-Nr. 0660-2

Fr. Dürrenmatt:
Der Richter und sein Henker
Bestell-Nr. 0661-0

Joh. W. von Goethe: Faust I/II
Bestell-Nr. 0662-9

Jos. v. Eichendorff: Taugenichts
Bestell-Nr. 0663-7

Hermann Hesse: Der Steppenwolf
Bestell-Nr. 0664-5

Franz Kafka: Kurze Prosaformen
Bestell-Nr. 0665-3

Joh. Wolfg. von Goethe:
Iphigenie auf Tauris
Bestell-Nr. 0666-1

Bert Brecht: Leben des Galilei
Bestell-Nr. 0667-X

Annette von Droste-Hülshoff:
Die Judenbuche
Bestell.-Nr. 0668-8

Dichtung in Theorie und Praxis

Texte für den Unterricht

Mit dieser Serie von Einzelheften legt der BANGE-VERLAG Längs- und Querschnitte durch Dichtungs-(Literatur) Gattungen für die Sekundarstufen vor.
Jeder Band ist - wie der Reihentitel bereits aussagt - in die Teile Theorie und Praxis gegliedert; darüber hinaus werden jeweils zahlreiche Texte geboten, die den Gliederungsstellen zugeordnet sind. Ein Teil Arbeitsanweisungen schließt sich an, der entweder Leitfragen für die einzelnen Abschnitte oder übergeordnete oder beides bringt.

Wir hoffen bei der Auswahl der Texte eine „ausgewogene Linie" eingehalten und die Bände für die Benutzer wirklich brauchbar gestaltet zu haben.

Bestell-Nr.

450 Die Lyrik
451 Die Ballade
452 Das Drama
453 Kriminalliteratur
454 Die Novelle
455 Der Roman
456 Kurzprosa
(Kurzgeschichte, Kalendergeschichte/ Skizze/Anekdote)
457 Die Fabel
458 Der Gebrauchstext
459 Das Hörspiel
460 Trivialliteratur
461 Die Parabel
462 Die politische Rede
463 Deutsche Lustspiele und Komödien

Weitere Bände in Vorbereitung

Egon Ecker

Wie interpretiere ich Novellen und Romane?

Methoden und Beispiele

180 Seiten - 3. veränderte Auflage

Bestell-Nr. 0686-6

Notizen zur Betrachtung eines dichterischen Textes - zur Technik der Interpretation.

Beispiele:
Keller, Drei gerechte Kammacher

Novellen:
Büchner, Lenz - Storm, Schimmelreiter - Andres, Die Vermummten

Romane:
Mann, Königl. Hoheit - Frisch, Homo Faber - Andres, Knabe im Brunnen - Andersch, Sansibar.
Zur Theorie der Novelle - Zur Theorie des Romans - Gliederungsvorschläge - Themenvorschläge - Literaturverzeichnis

Epochen deutscher Literatur

Kurzgefaßte Abhandlung für den Deutschunterricht an weiterführenden Schulen.

Bestell.-Nr. 0480
Die deutsche Romantik I
Frühromantik

Bestell.-Nr. 0481
Realismus des 19. u. 20. Jahrhunderts

Bestell.-Nr. 0482
Impressionismus und Expressionismus

Bestell.-Nr. 0483
Sturm und Drang

Bestell.-Nr. 0484
Die deutsche Romantik II
Spätromantik

Bestell.-Nr. 0485
Die Deutsche Klassik

Bestell.-Nr. 0486
Von der Aufklärung zum Sturm und Drang
Literaturgeschichtliche Querschnitte

Bestell.-Nr. 0486
Deutsche Dichtung des Barock

Textanalyse 1
Umgang mit fiktionalen (literarischen) Texten

152 Seiten

Bestell-Nr. 0641-6

Aus dem Inhalt:
I. Der Begriff des fiktionalen Textes: Das "Ästhetische" der Literatur - Betrachtungsweisen von Literatur - Literarische Wertung.

II. Probleme der Interpretation: Der Prozeß des "Verstehens" - Methoden der Literaturinterpretation - Arbeitstechniken (Textwiedergabe / Texterarbeitung / Texterörterung).

III. Beispiele für Interpretationen: Epische Texte - Dramatische Texte - Gedichte.
IV. Massenliteratur.

Textanalyse 2
Umgang mit nichtfiktionalen (Gebrauchs-)Texten

144 Seiten

Bestell-Nr. 0642-4

Aus dem Inhalt:
I. Der Textbegriff.
II. Eine Typologie von Gebrauchstexten.
III. Bedingungen der Textanalyse.
IV. Methoden der Textanalyse: Textwiedergabe - Textbeschreibung - Texterörterung.
V. Beispiele für Textanalysen: Darstellende Texte (Sachtexte/Wissenschaftliche Texte) - Werbende Texte (Werbetexte/Politische Reden) - Gesetzestexte.

Gebrauchstextanalysen

-Methoden und Beispiele-

2. Auflage, 80 Seiten

Bestell-Nr. 0588-6

Herausgegeben von einem Arbeitskreis der Pädagogischen Akademie Zams.

Aus dem Inhalt:
I. Warum Textuntersuchung? Begriffserklärungen
II. Textanalyse - Textkritik
Vorgestellt werden nur drei Möglichkeiten einer Analyse:
a) Kommunikationstheoretischer Aspekt
b) stilistischer Aspekt
c) soziologischer Aspekt
III. Gebrauchstexte verschiedener Art, die auf o.a. Aspekte hin untersucht, bzw. kritisiert wurden.

Ordnung der Texte nach Themenkreisen:
Werbetexte - Ferienprospekte - Kinoprogramme - Diverse Jugendzeitschriften (Bravo u.a.) - Illustrierte und Frauenzeitschriften (Frau im Spiegel u.a.) - Schullesebücher: Politische Beiträge/Kulturelle Beiträge - Literarische Texte.

Robert Hippe
Mündliche und schriftliche Kommunikation

3. Aufl., 104 Seiten

Bestell-Nr. 0563-0

Sprache - Sprache und Verständigung
Grundbegriffe der Kommunikation - Die drei Dimensionen des Zeichens - Verschiedene Arten von Zeichen - Sprache und Norm
Die Rede - Formen der Rede - Rhetorische Figuren - Analyse vorgegebener Reden - Redeanleitungen, - analysen und - sammlungen - Der Weg zur eigenen Rede - Exkurs 1: Kodierungsebenen - Exkurs 2: Die Sprache der Werbung als appellative Rede
Das Referat - Verfahrensschritte - Beurteilungskriterien - Geeignete Stoffe zur Auswahl
Die Diskussion - Analyse einer vorgegebenen Diskussion - Hinweise auf Vorbereitung, Durchführung und Zielsetzung einer Diskussion - Der Diskussionsbeitrag im sogenannten "Fünfsatz" - Die Debatte - Bericht(erstattung), Kolloquium, Vorlesung
Das Protokoll - Die Arten des Protokolls - Kriterien für die Beurteilung von Stundenprotokollen - Analyse von Protokollen
Die Inhaltsangabe - Merksätze zur Abfassung - Verfahrensschritte - Analyse von Inhaltsangaben - Geeignete Stoffe zur Auswahl
Die Erörterung - Merksätze zur Abfassung - Analyse von Erörterungen - Geeignete Stoffe zur Auswahl.

Robert Hippe
Umgang mit Literatur

2. Auflage, 116 Seiten

Bestell-Nr. 0564-9

Definition von Literatur - Grundformen von Literatur - Merkmale der Lyrik - Merkmale der Epik - Merkmale der Dramatik - Formprobleme der Literatur - Aufbauprobleme in der Literatur - Arten der Interpretation - Was ist Interpretation - Literatur und Wirklichkeit u.v.a.

Robert Hippe
Sprach- und Textbetrachtung

132 Seiten

Bestell-Nr. 0569-X

Sprachbetrachtung

Historisch - Theorien über die Entstehung der Sprache(n) - Die indogermanische (idg.) Sprachfamilie - Die geschichtliche Entwicklung des Hochdeutschen - Lehn- und Fremdwörter - Sprachrätsel und Sprachspiele - Auswahl-Bibliographie.
Systematisch - Grammatik - die traditionelle Grammatik - Die generative Transformationsgrammatik - Die strukturelle Grammatik.

Textbetrachtung

Allgemeines - Definition von Text - Textsorten - Beispiele - Übungen - Auflösung der Rätsel.

Robert Hippe
Kurzgefaßte deutsche Grammatik und Zeichensetzung

9. Auflage, 72 Seiten

Bestell-Nr. 0515-0

Ein Abriß der deutschen Grammatik systematisch und fundamental dargeboten; beginnend mit den Wortarten, Betrachtung der Satzteile und Nebensätze bis zu den Satzzeichen, Beispiele durchsetzen das Ganze und Lösungen sollen Fehler auffinden helfen. Ein nützliches, in Tausenden von Exemplaren bewährtes, Übungs- und Nachhilfebuch.

Robert Hippe

Interpretationen zu 62 ausgewählten motivgleichen Gedichten

mit vollständigen Gedichtstexten
·6. Auflage, 120 Seiten

Bestell-Nr. 0587-7

Der Verfasser hat die wiedergegebenen Interpretationen und Auslegungen in langen Gesprächen und Diskussionen mit Oberprimanern erarbeitet. Die hier angebotenen Deutungsversuche erheben keinen Anspruch auf die einzig möglichen oder richtigen, sondern sollen Ausgangspunkte für Weiterentwicklungen und Erarbeitungen sein.
Aus dem Inhalt: Themen wie Frühling - Herbst - Abend und Nacht - Brunnen - Liebe - Tod - Dichtung u.v.a.

Robert Hippe

Interpretationen zu 50 modernen Gedichten

mit vollständigen Gedichtstexten
4. Auflage, 136 Seiten

Bestell-Nr. 0597-5

Der vorliegende Band verspricht Interpretationshilfe und Deutungsversuche - in unterschiedlicher Dichte und Ausführlichkeit - für 50 moderne Gedichte. Materialien und Auswahlbibliographie geben den Interessenten Hilfen für den Deutsch- und Literaturunterricht. Für den Lehrer eine echte Bereicherung zur Vorbereitung des Unterrichts.

Aus dem Inhalt: Lasker-Schüler - Hesse - Carossa - Benn - Britting - Brecht - Eich - Kaschnitz - Huchel - Kästner - Bachmann - Piontek - Celan - Härtling - Reinig - Grass - Enzensberger u.v.a.

Robert Hippe

Kurzgefaßte deutsche Rechtschreiblehre

64 Seiten

Bestell-Nr. 0545-2

Im ersten Teil dieses Buches findet man die wichtigsten Regeln der deutschen Rechtschreibung.

Der zweite Teil besteht aus 36 Übungstexten zu diesen Regeln zum Erlernen, Einprägen und Wiederholen. Die Lösungen am Schluß des Bandes dienen zur Kontrolle.

Interpretationen motivgleicher Gedichte in Themengruppen

mit vollständigen Gedichtstexten

Band 1:

Edgar Neis

Der Mond in der deutschen Lyrik

80 Seiten

Bestell-Nr. 0620-3

Arp - Bischoff - Borchert - Boretto - Britting - Brokkes - Bürger - Claudius - Däubler - Droste-Hülshoff - Geibel - Gleim - Goethe - Härtling - Heine - Holz - Klopstock - Krähenbühl - Krolow - Lange - Lehmann - Leonhard - Lichtenstein - zur Linde - Maurer - Morgenstern - Rasche - Rühmkorf - v. Stollberg - Trakl - v.d. Vring - Werfel - Wiens.

Band 2:

Edgar Neis

Politisch-soziale Zeitgedichte

2. Auflage, 112 Seiten

Bestell-Nr. 0621-1

Bachmann - Biermann - Brecht - Bürger - Celan - Dehmel - Domin - Enzensberger - Le Fort - Freiligrath - Gryphius - Hädecke - Hagelstange - Heine - Herwegh - Keller - Kerr - Logau - Marti - Platen - Sabias - Salis - Schenkendorf - Schiller - Schreiber - Schubart - Tucholsky - W.v.d. Vogelweide - Weitbrecht - Wildenbruch.

Band 3:

Edgar Neis

Der Krieg im deutschen Gedicht

2. Auflage, 112 Seiten

Bestell-Nr. 0622-X

Bender - Benn - Biermann - Binding - Brambach - Brecht - Claudius - Dehmel - Eich - Flex - Le Fort - Fried - Gleim - Goethe - Hakel - Heise - Heym - Hölderlin - Höllerer - Huchel - Jahn - Jean Paul - Kaschnitz - Kästner - Körner - Leib - Lersch - Leonhard - Liliencron - Logau - Menzel - Mosen- Mühsam - Münchhausen - Neumann - Nick - W. Paul - Sachs - Schiller - Schnurre - Schuhmann - Stramm - Toller - Toussel - Trakl - Tumler - Vogel - Wiechert.

Band 5:

Robert Hippe

Der Tod im deutschen Gedicht

2. Auflage, 80 Seiten

Bestell-Nr. 0624-6

Bächler - Benn - Brecht - Celan - Claudius - Droste-Hülshoff - Eich - Goethe - Gryphius - Hesse - Heym - Hofmannsthal - Hofmannswaldau - Höllerer - Kaltneker - Keller - Klopstock - C.F. Meyer - Mörike - Nick - Nietzsche - Novalis - Rilke - Schiller - Storm - Stramm - Trakl - Uhland.

Band 6:

Robert Hippe

Die Jahreszeiten im deutschen Gedicht

2. Auflage, 80 Seiten

Bestell-Nr. 0625-4

Benn - Britting - Claudius - George - Gerhardt - Goes - Goethe - Hagedorn - Heine - Hebbel - Hesse - Hofmannsthal - Hölderlin - Hölty - Huchel - Lenau - Logau - C.F. Meyer - Mörike - Rilke - Stadler - Storm - Trakl - Uhland - W.v.d. Vogelweide.

Band 7:

Robert Hippe

Deutsche politische Gedichte

2. Auflage 68 Seiten

Bestell-Nr. 0626-2

Baumann - Biermann - Becher - Below - Brecht - Delius - Enzensberger - Fried - Fürnberg - Gomringer - Grass - Heine - Hoffmann v. Fallersleben - Holzapfel - Karsunke - Kunert - Luckhardt - Morawietz - Pottier - Radin - v. Saar - Scherchen - Schneckenburger - U. Schmidt - Schuhmann- Vesper - Walraff - Weinheber - Wessel - Zimmerling.

Band 8:

Edgar Neis

Die Welt der Arbeit im deutschen Gedicht

100 Seiten

Bestell-Nr. 0627-0

Barthel - Bartock - Billinger - Brambach - Bröger - Chamisso - Dehmel - Dortu - Engelke - Freiligrath - Grisar - Heine - Herwegh - Jünger - Krille - Lersch - Lessen - Naumann - Petzold - Pfau - Piontek - Rilke - Schreiber - Seidel - Weerth - Weinheber - Wieprecht - Winckler - Zech.

Band 9:

Edgar Neis

Deutsche Tiergedichte

136 Seiten

Bestell-Nr. 0628-9

Barth - Bergengruen - Billinger - Boretto - Brecht - Britting - Busch - Claes - Dauthendey - Dehmel - Domin - Droste-Hülshoff - Eggebrecht - Eich - Freiligrath - Gellert - Gleim - Goethe - Grillparzer - Groth - Härtling - Hagedorn - Haushofer - Hausmann - Hebbel - Heine - Hesse - Huchel - F.G. Jünger - W. Lehmann - Liliencron - A.G. Kästner - Keller - Kolmar - Krolow - C.F. Meyer - Morgenstern - Pfeffel - Piontek - Rilke - Ringelnatz - Eugen Roth - N. Sachs - Schaefer - Trakl - Vring - Weinheber - Wiedner - Zachariae - Zuckmayer.

Interpretationen zeitgenössischer deutscher Kurzgeschichten

Karl Brinkmann

4. Auflage, 80 Seiten

Bestell-Nr. 0602-5

Band 3: Aichinger, Plakat - Alverdes, Die dritte Kerze - Böll, Damals in Odessa / Mann mit den Messern / Lohengrins Tod / Wanderer kommst du nach Spa ... - Borchert, Die lange, lange Straße lang / Generation ohne Abschied / Lesebuchgeschichten - Eisenreich, Ein Augenblick der Liebe - Gaiser, Brand im Weinberg / Du sollst nicht stehlen - Langgässer, Die zweite Dido / Glück haben - Lenz, Jäger des Spottes - Schnurre, Die Tat - Spang, Seine große Chance - Spervogel, Hechtkönig - Wiechert, Hauptmann v. Kapernaum / Hirtenknabe.

Martin Pfeifer

4. Auflage, 84 Seiten

Bestell-Nr. 0603-3

Band 4: Aichinger, Hauslehrer / Nichts und das Boot - Bender, Die Wölfe kommen zurück - Böll, Über die Brücke / Es wird etwas geschehen - Brecht, Mantel des Ketzers - Britting, Brudermord im Altwasser - Eich, Züge im Nebel - Ernst, Das zweite Gesicht - Fallada, Lieber Hoppepoppel - Franck, Taliter - Hesse, Beichtvater / Bettler - Johnson, Jonas zum Beispiel - Kusenberg, Eine ernste Geschichte - Langgässer, Saisonbeginn - Le Fort, Frau des Pilatus - Meckauer, Bergschmiede - Pohl, Yannis letzter Schwur - Rinser, David - Schäfer, Hirtenknabe - Schallück, Der Tod hat Verspätung - v. Scholz, Das Inwendige - Walser, Ein schöner Sieg - Weisenborn, Aussage.

Edgar Neis

3. Auflage, 56 Seiten

Bestell-Nr. 0604-1

Band 5: Borges, Das geheime Wunder - Calderón, Invasion - Callaghan, ein sauberes Hemd - Campos, Solidarität - Carson, Ein Mädchen aus Barcelona - Hémingway, Die Killer - Huxley, Schminke - Joyce, Eveline - Katajew, Die Messer - Mansfield, Für sechs Pence Erziehung - Manzoni, Die Repräsentiertasse - Olescha, Aldebaran - Saroyan, Vom Onkel des Barbiers, dem von einem Zirkustiger der Kopf abgebissen wurde - Sartre, Die Mauer - Timmermans, Die Maske.

Karl Brinkmann

3. Auflage, 80 Seiten

Bestell-Nr. 0605-X

Band 6: Andersch, Sehnsucht nach Sansibar - Böll, Wie in schlechten Romanen /Undines gewaltiger Vater - Gaiser, Das Wespennest / Fünfunddreißig Meter Tüll / Der Motorradunfall - Grass, Der Ritterkreuzträger - Hildesheimer, Nächtliche Anrufe - Holthaus, Geschichten aus der Zachurei / Allgemeines / Wo liegt Zachzarch / Das Wirtshaus Zum Vollautomatischen Bären - Lenz, Masurische Geschichte / Der Leseteufel / So schön war mein Markt / Der große Wildenberg - Kramp, Was der Mensch wert ist - Reding, Die Bulldozer kamen / Während des Films / Jerry lacht in Harlem / Fahrerflucht - Schnurre, Wovon der Mensch lebt - Walser, Die Artikel, die ich vertrete.

Rudolf Kanzler

64 Seiten

Bestell-Nr. 0606-8

Band 7: Aichinger, Die Silbermünze - Altendorf, Der Knecht Persenning - Andersch, Ein Auftrag für Lord Glouster - Bauer, Hole deinen Bruder an den Tisch - Britting, Der Gang durchs Gewitter - Dörfler, Der Kriegsblinde - Hesse, Das Nachtpfauenauge - Hildesheimer, Der Urlaub - Kaschnitz, Gespenster - Lenz, Die Nacht im Hotel - Th. Mann, Das Eisenbahnunglück - Noack, Die Wand - Ohrtmann, Der Sched ist wieder da - Rinser, Der fremde Knabe - Schallück, Unser Eduard - Wiechert, Mein erster Adler.

Edgar Neis

80 Seiten

Bestell-Nr. 0607-6

Band 8: Andersch, Grausiges Erlebnis - Bachmann, Alles - Bender, In der Gondel / Fondue - Bichsel, Tochter - Bobrowski, Epitaph für Pinnau - Bolliger, Verwundbare Kindheit - Brecht, Wiedersehen - Eisenreich, Der Weg hinaus - Fritz, Schweigen vieler Jahre - Fühmann, Judenauto / Schöpfung - Gaiser, Gazelle grün - Heissenbüttel, Wassermaler - Kaschnitz, Das rote Netz - Kunert, Fahrt mit der S-Bahn - Nossack, Das Mal - Reinig, Drei Schiffe - A. Schmidt, Resümee - Walser, Tänzer / Knabe - Wohmann, Ich Sperber / Der Schwan / Knurrhahn-Stil.

Wolfgang Kopplin

Kontrapunkte

160 Seiten

Bestell-Nr. 0547-9

Kontroversinterpretationen zur modernen deutschsprachigen Kurzprosa.
Prosatexte, zwischen 1963 und 1975 entstanden, dienen dem Autor dazu, die dialektische Methode des Pro und Kontra als Interpretationsansatz anzuwenden. Dem Primärtext schließen sich jeweils die Kontroversinterpretationen an. Ein Buch, welches Anregungen zum Verstehen und zur Entschlüsselung von Texten gibt.
Inhalt: Texte von Artmann - Bichsel - Dellin - Gerz - Gregor - Kunert - Reinig - Schnurre u.a. werden in einer Pro- und Kontra-Interpretation vorgestellt.

Albert Lehmann

Erörterungen

Gliederungen und Materialien
Methoden und Beispiele

5. verb. Auflage, 184 Seiten

Bestell-Nr. 0692-0

Die vorliegende Sammlung von 58 Gliederungen, die durch Erläuterungen - vornehmlich Beispiele - zu den einzelnen Gliederungspunkten erweitert sind, sollen die Wiederholung des Jahresstoffes erleichtern.
Stoffkreisthemen: Natur - Tourismus - Technik - Freizeit - Arbeit/Beruf - Konflikte zwischen den Generationen - Drogen - Kinder und Familie - Die Stellung der Frau in der Gesellschaft - Sport - Massenmedien und viele Einzelthemen.

Für Lehrer ein unentbehrliches Nachschlage- und Vorbereitungsbuch.

Birgit Lermen /
Matthias Loewen

Trickfilm als didaktische Aufgabe

Band 1: Sekundarstufe I
232 Seiten - Fotos
Bestell-Nr. 0618-1

Band 2: Sekundarstufe II
Bestell-Nr. 0619-X
216 Seiten - Fotos

Die Untersuchung über den Trickfilm als didaktische Aufgabe trägt der unterschiedlichen Ausgangslage in den beiden Stufen des Sekundarunterrichts Rechnung durch die Aufteilung in zwei Bände.

Band 1 stellt sich gezielt auf die Bedürfnisse und Erwartungen der Sekundarstufe I ein. Aus der Eigenart des Mediums Trickfilm wird ein Analyse-Instrumentarium entwickelt, dessen Brauchbarkeit an 13 Filmen unterschiedlicher Herkunft erprobt wird. Auf der damit geschaffenen Grundlage wird ein didaktisch-methodisches Konzept erstellt.

Band 2 orientiert sich an den Bedürfnissen der Sekundarstufe II. Eine semiotische Einführung erweitert und vertieft die in Band I erstellte Grundlage. Im Mittelpunkt stehen wieder die Einzelanalysen, deren Zahl des größeren Umfangs wegen auf zwölf reduziert ist.
Wie in Band I soll beides - Analysen und Einführung - als Basis dienen für didaktische Fragestellungen und Entscheidungen.

Die Auswahl der Filme wurde in beiden Bänden bestimmt durch:

a) das Ausleihangebot der Stadt- und Kreisbildstellen in der Bundesrepublik,
b) die ästhetische Qualität,
c) die thematische Relevanz,
d) die didaktische Potenz.

Martin H. Ludwig

Das Referat

Kurze Anleitung zu einer Erarbeitung und Abfassung für Schüler und Studenten.

2. Auflage

Bestell-Nr. 0646-7

Planen und Sammeln - Bibliographieren - Schreiben und Zitieren - Lesen und Notieren - Auswerten und Gliedern - Der Text - Der Vortrag.

Martin H. Ludwig

Praktische Rhetorik

Reden - Argumentieren - Erfolgreich verhandeln

2. Auflage

Grafiken - 136 Seiten

Bestell.-Nr. 0688-2

Praktische Rhetorik ist ein Übungsfeld für jedermann! Ob bei der Sammlung von Gedanken, bei der Konzentration der Argumente, bei der Gestaltung einer Rede, in der Rücksichtnahme auf den Verhandlungspartner, bei der Vorsicht vor „gefährlichen" Redewendungen.

Aus dem Inhalt: Formale Rhetorik - Dekorative Rhetorik - Verwendung von Argumenten in der Verhandlung - Psychologie in der Verhandlung - Einzelne Techniken zur Durchsetzung von Anliegen - Positive Verhandlungstechniken - Wie wehre ich mich gegen ...? - Typische Verhandlungssituation - Wann sind welche Techniken angebracht?

Martin H. Ludwig/
Eckhard Ostertag

Lernen - Qual oder Zufall?

Vademecum der Lernarbeit
160 Seiten

Bestell-Nr. 063-4

Dieses Buch ist für solche Menschen geschrieben, die aus eigenem Antrieb lernen möchten, die eine Hilfe und Anleitung für ein leichteres und effektiveres Lernen gebrauchen können.

Aus dem Inhalt: – Warum Lernen lernen? – Wer lernt was warum? – Unter welchen Voraussetzungen lernen wir? – Wie lernen? – Wie lange lernen? – Wieviel lernen? – Wann lernen? – Wie oft lernen? – Womit lernen? – Wo lernen? – Lernen - ein Abenteuer mit sich und mit anderen – Wie das Gelernte festigen? Das eigene Mehrkanalprogramm – Lernen macht Spaß! – Checklisten und Übersichten

Methoden und Beispiele der Kurzgeschichten-Interpretation

4. Auflage, 64 Seiten

Bestell-Nr. 0691-2

Herausgegeben und erstellt von einem Arbeitskreis der Pädagog. Akademie Zams.

Methoden: Werkimmanente, existenzialistische, grammatische, stilistische, strukturelle, kommunikative, soziologische, geistesgeschichtliche, historisch/biographisch/symbolistische Methode.

Beispiele: Eisenreich - Cortázar - Dürrenmatt - Brecht - Horvath - Bichsel - Kaschnitz - Lenz - Weißenborn - Rinser - Borchert - Nöstlinger - Wölfel - Langgässer.

An Beispielen ausgewählter Kurzgeschichten werden die einzelnen Methoden der Interpretation demonstriert und erläutert. Information und Nachschlagewerk für den Unterricht in den Sekundarstufen.

Edgar Neis

Das neue große Aufsatzbuch

-Methoden und Beispiele des Aufsatzunterrichts für die Sekundarstufen I und II -

212 Seiten - 5. erweiterte Auflage

Bestell-Nr. 0636-X

Inhalt:
Zur Technik des Aufsatzschreibens - Stoffsammlung und Disposition - Wie schreibe ich eine Charakteristik? - Wie schreibe ich eine Erörterung? - Der dialektische Besinnungsaufsatz - Themen und Aufsätze zu Problemen unserer Zeit - Aufsätze zur Literatur - Wege der Texterschließung - Interpretationshinweise - Fachbegriffe der Aufsatzlehre (Lexikon der Terminologien) - Vorschläge für Aufsatzthemen - Themenkatalog für das Ende des 20. Jahrhunderts - Literaturnachweis.
Dieses Buch richtet sich an Lehrer und Schüler von Haupt-, Real- und Oberschulen (Gymnasien).
Breit einsetzbar in Grund- und Leistungskursen.

Edgar Neis

Moderne deutsche Diktatstoffe

-Sekundarstufe I-

5.-10. Jahrgangstufe

2. Auflage, 118 Seiten

Bestell-Nr. 0693-9

Beide Bände sollen der Einübung und Wiederholung der Rechtschreibung und Zeichensetzung dienen. Jeder Band gliedert sich in zwei Teile, einen systematischen Teil, der zielbewußter Einübung von Wörtern, deren Schreibung Schwierigkeiten bereitet, dient und einen allgemeinen Teil. Dieser bringt zusammenhängende Diktatstoffe aus dem deutschen Schrifttum. Die Namen der Verfasser bürgen für die Stilhöhe der einzelnen Texte.

Edgar Neis

Deutsche Diktatstoffe -Unterstufe-

3. bis 7. Jahrgangsstufe
6. verbesserte Auflage, 64 Seiten

Bestell-Nr. 0524-X

Edgar Neis

Interpretationen von 66 Balladen, Erzählgedichten und Moritaten

Analysen und Kommentare
6. Auflage, 176 Seiten

Bestell-Nr. 0590-8

Balladen des 18., 19. und 20. Jahrhunderts werden in diesem für Lehrer, Studenten und Schüler bestimmten Band ausführlich interpretiert und durch Erklärungen Verständnis für diese Art Dichtung geweckt. Eine unentbehrliche Hilfe für den Deutsch- und Literaturunterricht.

Aus dem Inhalt: Bürger - Herder - Goethe - Schiller - Uhland - Eichendorff - Heine - Droste-Hülshoff- Miegel - Brecht - Huchel - Celan - Chr. Reinig - Kunert u.v.a.

Edgar Neis

Interpretationen motivgleicher Werke der Weltliteratur

2. Auflage, je 144 Seiten

Dramatische, epische und lyrische Gestaltung der bekanntesten Stoffe der Weltliteratur werden mit knappen Inhaltsangaben vorgestellt und miteinander vergleichend interpretiert.

Band 1:
Mythische Gestalten **Bestell-Nr. 0548-7**

Alkestis - Antigone - Die Atriden (Elektra / Orest) - Iphigenie - Medea - Phädra

Band 2:
Historische Gestalten **Bestell-Nr. 0549-5**

Julius Caesar - Coriolan - Der arme Heinrich - Die Nibelungen - Romeo und Julia - Jeanne d'Arc / Die Jungfrau v. Orleans - Johann Joachim Winckelmann

Edgar Neis

Verbessere Deinen Stil

3. Auflage, 120 Seiten

Bestell-Nr. 0539-8

Der Autor versucht im vorliegenden Band vom grundlegenden Schema über Wortwahl und Satzgestaltung den Interessierten zu einer guten Ausdrucksform zu führen. Stil ist erlernbar, deshalb wurden im 2. Teil viele künstlerisch gestaltete, stilvolle Beispiele wiedergegeben.

Edgar Neis

Wie interpretiere ich ein Drama?

Methoden und Beispiele
4. Auflage - 224 Seiten

Bestell-Nr. 0633-8

Erstbegegnungen mit dramatischen Formen - Methode des Interpretierens - Wege zur Erschließung und Analyse eines Dramas.

Arbeit im Detail: Titel, Personen, Handlung, Aufbau, Sprache, Realisation, Bühnengestaltung, Regieanweisungen, sozio-kulturelle und historische Einordnung usw.

Modellinterpretationen - Zur Theorie des Dramas - Literaturverzeichnis.

Interessenten: Lehrer und Schüler aller Schulgattungen.

Edgar Neis

Wie interpretiere ich Gedichte und Kurzgeschichten?

15. Auflage, 208 Seiten

Bestell-Nr. 0530-3

Ein "Grundkurs", die Kunst der Interpretation zu erlernen und zu verstehen. Die tabellarischen Leitlinien führen den Benutzer des Buches zum Verständnis für diese Gattung der Poesie. Anhand von zahlreichen durchgeführten Interpretationen ist dieses Buch ein unentbehrliches Hilfsmittel für Schüler und Lehrer.

Eckhard Ostertag

Berufswahl - leichtgemacht

Der Fahrplan für eine systematische Berufsentscheidung
Grafiken – 112 Seiten

Bestell-Nr. 054-5

Was soll ich werden? – Welcher Beruf hat Zukunft? – Was kommt nach der Schule? – Wer hilft mir bei der Berufswahl? – Was kann ich tun, um nicht arbeitslos zu werden? – Wie bewerbe ich mich richtig? – Wie erhalte ich eine Lehrstelle? – Wie komme ich an einen Studienplatz?

Viele Fragen, Fragen, die heute oft nicht leicht zu beantworten sind. Existenzielle Fragen aber für alle jungen Menschen, die in einer Zeit des wirtschaftlichen und technologischen Umbruchs sich für einen Beruf entscheiden müssen.

Das vorliegende Buch will für alle Berufssuchende und deren Berater eine praktische Lebenshilfe geben. Es wird ein Fahrplan vorgelegt, der die vielfältigen Stationen des Berufswahlverlaufs übersichtlich und systematisch aufzeigt.

Reiner Poppe

Aufsätze im Deutschunterricht

für das 5.–10. Schuljahr

Themen - Techniken - Beispiele

120 Seiten

Bestell-Nr. 0464-2

Das Aufsatzbuch ist für Schüler und Schülerinnen der Sekundarstufe I verfaßt. Es setzt Materialien und Techniken, Beispiele und vermittelnde Information ein, um den Schüler zum Verfassen eigener Texte **methodisch** anzuleiten. Die im Kapitel 4 vorgetragenen Beispiele erfassen in **kommunikativen Anwendungssituationen** die wichtigsten Textsorten:
Erzählbericht - Bericht - Beschreibung - Erörterung - (dialektischer) Besinnungsaufsatz - Interpretation. Der Schwerpunkt liegt dabei auf **alltagsrelevanten, pragmatischen Varianten** dieser Grundformen (Brief, Klappentext, Bedienungsanleitung, Sachtext, Inhaltsskizze, Leserbrief etc.)

Gliederung: Aufsatzformen nach Jahrgangsstufen geordnet/'richtlinienkonform' - Themen zum Üben - Techniken-Hilfsmittel, Beispiele (exemplarisch) - Glossar - Literaturhinweise.

Klaus Sczyrba

50 Kurzdiktate

für das 4. - 7. Schuljahr
mit 250 Übungsmöglichkeiten

116 Seiten + Lösungsheft

Bestell.-Nr. 0477-4

Der bekannte Autor Klaus Sczyrba bringt wieder eigene Diktate für rechtschreibschwache Schüler und Schülerinnen zum häuslichen Arbeiten.

Für die Hand des Lehrers als Kurztest-Übungen im Unterricht bestens geeignet. Der Autor hat selbst im Unterricht erfolgreich damit gearbeitet.

Klaus Sczyrba

Komm, wir schreiben!

Rechtschreibübungsheft für das 2. und 3. Schuljahr

Format: DIN A4 - 40 farbige Illustrationen
3. Auflage - 36 Seiten

Bestell-Nr. 0614-9

Freude ist der Motor zum Erfolg. Nach diesem Grundsatz will der Autor den Kindern durch die lustbetonte, sehr abwechslungsreiche Art dieses Heftes den Weg zu Rechtschreibsicherung leicht machen. In frohem Tun werden fast unauffällig fundamentale Kenntnisse der Rechtschreibung angeeignet, ohne daß die Kinder dabei den Eindruck des Übens haben.

Klaus Sczyrba

Komm, wir schreiben!

Rechtschreibübungsheft für das 3. und 4. Schuljahr

Format: DIN A4 - 60 farbige Illustrationen
2. Auflage – 60 Seiten

Bestell-Nr. 0616-5

Alle Übungen für die Kinder des 3. und 4. Schuljahres sind so angelegt, daß sie mit Freude durchgeführt werden. Sie enthalten kurzweilige Aufgaben, Reime und Rätsel. Die Richtigkeit der Lösungen kann leicht selbst überprüft werden.
Üben ist für Kinder oft freudlos und langweilig. Bei diesem Heft spüren sie aber nicht, daß "nur geübt" wird. In froher, zielstrebiger Arbeit wird fast unbewußt die Rechtschreibfertigkeit gesteigert.

Klaus Sczyrba

Komm, wir schreiben!

Rechtschreibübungsheft für das 4. und 5. Schuljahr

ca. 60 Seiten – Illustrationen

Bestell-Nr. 0479-0

Nachdem die beiden vorangegangenen Übungshefte 'Komm, wir schreiben!', einen so guten Anklang gefunden haben, folgt nun eins für die 4. und 5. Klasse. Es überbrückt den oft schwierigen Übergang von der Grundschule zu den weiterführenden Schulen im Bereich des Schreibens. Abwechslungsreiche, kurzweilige Übungen, die der Altersstufe angepaßt sind, lassen die Rechtschreibklippen überwinden und führen zur Schreibsicherheit.
Lösungen zur Selbstkontrolle sind angefügt.
Breit einsetzbar im Unterricht.

Klaus Sczyrba

Lebensnahe Diktate

für die Grundschule mit angeliederten Übungsmöglichkeiten für das **2. bis 4 Schuljahr**
4. Auflage - 152 Seiten + Lösungsheft

Bestell-Nr. 0610-6

Dieses Übungsbuch ist aus der Erfahrung langjähriger Schularbeit entstanden und soll den Kindern vom 2. bis 4. Schuljahr helfen, ihre Rechtschreibleistungen zu verbessern.
Dazu werden 150 Diktate geboten, die in Ausmaß und Schwierigkeitsgrad dem Alter der Kinder entsprechen.
Zur vertiefenden Behandlung aller Rechtschreibbereiche sind jedem Diktat eine Reihe Übungsmöglichkeiten beigefügt.

Klaus Sczyrba

Wege zum guten Aufsatz für das 5.-10. Schuljahr

176 Seiten

Bestell-Nr. 0472-3

Dieses ganz auf die Schulpraxis bezogene Büchlein bietet Hilfen und Anregungen für das Schreiben von Nacherzählungen, Erlebnisaufsätzen, Phantasiegeschichten, Beschreibungen, Schilderungen und Berichten. Außerdem enthält es Übungen zur Grammatik, zur Rechtschreibung und Ausdrucksverbesserung.

Ein weiteres Buch von unserem Erfolgsautor Klaus Sczyrba.

Klaus Sczyrba

Wege zum guten Aufsatz für das 3. und 4. Schuljahr

ca. 144 Seiten – Illustrationen – Format DIN A 5

Bestell-Nr. 0690-4

Da bereits in der Grundschule die Fundamente für die Aufsatzerziehung gelegt werden, kommt diesem Buch eine besondere Bedeutung zu. Es will helfen, die bei vielen Kindern bestehende Abneigung gegen das Schreiben von Aufsätzen zu überwinden und zu einem guten schriftlichen Ausdruck hinzuführen.

Klaus Sczyrba

Neue lebensnahe Diktate

mit zahlreichen Übungsmöglichkeiten für das **2. bis 10. Schuljahr**

2. Auflage - 312 Seiten

Bestell-Nr. 0611-4

Wie in den früheren Ausgaben diese Buches werden hier wieder über 200 Diktate geboten, die in Ausmaß und Schwierigkeitsgrad dem Alter des Kindes entsprechen.

Klaus Sczyrba

Lebensnahe Dikate

mit zahlreichen Übungsmöglicheiten für das **5. bis 7. Schuljahr** + Lösungsheft

3. Auflage - 240 Seiten

Bestell-Nr. 0613-0

In diesem Übungsbuch werden 150 Diktate geboten, die Kindern des 5. bis 7. Schuljahres helfen sollen, ihre Rechtschreibkenntnisse zu verbessern.
Zur vertiefenden Behandlung aller Rechtschreibbereiche ist jedem Diktat eine Reihe Übungsmöglichkeiten beigefügt.

Klaus Sczyrba

Lebensnahe Diktate

100 Diktattexte mit 600 Lösungsmöglichkeiten für das **8. bis 10. Schuljahr**

2. Auflage
210 Seiten + Lösungsheft

Bestell-Nr. 0471-5

Das Buch will mit seinen Diktaten und Übungen zum richtigen Gebrauch unserer Sprache beitragen. Die Diktate sind nicht nur nach Rechtschreibschwierigkeiten oder zur Anwendung einer Regel konstruiert, sondern sind auf die Bedürfnisse von Zeit und Umwelt abgestimmt.
Übungsmöglichkeiten mit Lösungen machen dieses Buch für häusliches Arbeiten und für den Unterrichtsgebrauch gleichermaßen unentbehrlich.

Klaus Sczyrba

Lebensnahe Diktate

mit zahlreichen Übungsmöglichkeiten für das **5. bis 10. Schuljahr**

2. Auflage - 432 Seiten + Lösungsheft

Bestell-Nr. 0612-2

Auch dieses Übungsbuch soll den Kindern vom 5. bis 10. Schuljahr helfen, ihre Rechtschreibleistungen zu verbessern.
Die hier angebotenen 250 Diktate sind in Ausmaß und Schwierigkeitsgrad dem Alter entsprechend ausgewählt worden. Jedem Diktat ist eine Reihe Übungsmöglichkeiten beigefügt, ebenso wurde der entsprechende Wortschatz eingebracht.
Tabellen der Rechtschreibschwierigkeiten in den einzelnen Schuljahren runden dieses Übungsbuch ab.

Klaus Sczyrba

Lebensnahe Grammatik für die Grundschule

für das 2. bis 4. Schuljahr

140 Seiten

Bestell-Nr. 0673-4

Die alltäglichen Begebenheiten zweier Kinder sind lebendige Einstiege in alle Bereiche der Grundschulgrammatik. In übersichtlicher Weise werden alle notwendigen Kenntnisse zur Beherrschung unserer Sprache kindgemäß vermittelt, die in den angegliederten Übungen angewandt werden können. So ist dieses Büchlein sehr hilfreich für den Unterricht in der Schule und die häusliche Einzelarbeit.

Klaus Sczyrba

Lebensnahe Sprachlehre in der Grundschule

50 Unterrichtsentwürfe für die Einführung aller wesentlichen Gebiete.

112 Seiten, Illustrationen

Bestell-Nr. 0615-7

Neubearbeitete 2. Auflage

Diese Unterrichtsentwürfe haben sich als eine vielbegehrte Hilfe erwiesen und ermöglichen, daß der sonst so trockene Stoff der Sprachlehre lebensnah, auf lustbetonte Weise eingeführt wird.
Jeder Entwurf ist eine Unterrichtseinheit, die sich über einen längeren Zeitraum erstreckt.

Klaus Sczyrba

Lebensnahe Grammatik für die Sekundarstufe I

5.-10 Klasse
Mit 100 Übungen + Lösungsheft

2. Auflage – 128 Seiten

Bestell-Nr. 0474-X

Wesentliche Ursache für die Fehlerhäufigkeit in der Rechtschreibung ist in der mangelnden grammatischen Erkenntnis zu suchen.
Das Buch will hier Abhilfe schaffen. In übersichtlicher Anordnung bietet es in den für das Leben wichtigen Bereichen der Grammatik viele Beispiele und Übungsmöglichkeiten.

Klaus Sczyrba

Rechtschreib-Olympiade

Übungen mit Lösungen für die 5.-7. Klasse

136 Seiten + Lösungsheft

Bestell-Nr. 0475-8

Unser Erfolgsautor Klaus Sczyrba bringt mit diesem Band ein lebensnahes Rechtschreibbuch auf den Markt, welches durch seinen Wettbewerbcharakter sicher viele Übende ansprechen wird.
Kurze Übungstexte zu den Schwierigkeiten der deutschen Sprache werden allen Benutzern Hilfe geben und einprägsam zukünftige Fehler vermeiden helfen.

Englisch

Peter Luther/Jürgen Meyer

Englische Diktatstoffe

Unter- und Mittelstufe Sekundarstufe I

64 Seiten

Bestell.-Nr. 0647-5

Beginnend mit einfachsten Texten und Erklärungen wird hier der Benutzer der Bücher mit der englischen Grammatik, Wortlehre und Rechtschreibung vertraut gemacht. Die Texte geben Hinweise auf die Vorbereitung zur Nacherzählung und sind gestaffelt nach Schwierigkeiten und Themengruppen. Worterklärungen und Übungen zur Selbstkontrolle runden den Band ab.

Jürgen Meyer/Gisela Schulz

Englische Synonyme als Fehlerquellen

Übungssätze mit Lösungen

116 Seiten

Bestell.-Nr. 0596-7

Dieses Übungsbuch will helfen, die im Bereich der Synonyme immer wieder auftretenden Fehler zu vermeiden.
Die Aufstellung ruht auf Beobachtungen, die die Verfasser im Unterricht gemacht haben und erhebt keinen Anspruch auf Vollständigkeit. Die Übungssätze wurden so formuliert, daß die wichtigen Bedeutungsnuancen so klar wie möglich hervortreten. Die zur Kontrolle beigefügten Lösungen geben an, ob und wo Fehler gemacht worden sind.

Jürgen Meyer

Deutsch-englische/ englisch-deutsche Übersetzungsübungen

9.–13. Klasse

2. Auflage - 104 Seiten

Bestell.-Nr. 0594-0

Texte für Fortgeschrittene, die ihre Kenntnisse in Wortanwendung und Grammatik erweitern und überprüfen wollen.
Zu den zeitgemäßen deutschen Texten wurden die Vokabeln und deren Anwendungsmöglichkeiten gegeben und erklärt.
Am Schluß des Bandes die englischen Texte zur Kontrolle.
Breit einsetzbar in den Sekundarstufen, Grund- und Leistungskursen.

Jürgen Meyer/Ulrich Stau

Englisch 5./6. Klasse

Übungen mit Lösungen

96 Seiten - Viele Zeichnungen

Bestell.-Nr. 0687-4

Der gesammte Stoff Englisch der 5. und 6. Klasse wird in diesem Nachhilfebuch wiederholt. Die Benutzer können anhand von Übungen ihr Wissen testen und im Lösungsteil nachschlagen.

Der Stoff wurde den einschlägigen Lehrwerken an den Schulen der verschiedenen Bundesländer angeglichen um eine Benutzung nicht von den verschiedenen Kriterien der Bundesländer abhängig zu machen.

Den Schülerinnen und Schülern wird hier echte 'Lernhilfe' geboten!

Jürgen Meyer

Übungstexte zur englischen Grammatik

9. – 13. Klasse

3. Auflage - 96 Seiten

Bestell.-Nr. 0567-3

Der Band enthält Übungsmaterial zu aktuellen Fragen, u.a. Sachtexte zu Personen, wissenschaftlichen Entdeckungen und zeitgeschichtlichen Ereignissen, die über das heutige Großbritannien und die USA informieren. Die Texte sind mit ausführlichen Hinweisen zu den Vokabeln sowie Übungen zur Syntax und zum Wortschatz versehen. Diskussionsvorschläge und ein sorgfältig aufbereiteter Schlüssel bieten zusätzliche Unterrichtshilfen. Das Buch ist sowohl für Gruppenarbeit als auch für das Selbststudium geeignet.

Edgar Neis

Wie schreibe ich gute englische Nacherzählungen?

8. Auflage - 84 Seiten

Bestell-Nr. 0526-6

Langjährige, im gymnasialen Englischunterricht auf der Mittel- und Oberstufe, sowie bei zahlreichen Abiturprüfungen gewonnene Erfahrungen haben zur Herausgabe dieses Buches geführt. Texterfassung und -darstellung, Wortschatzerweiterung, Regeln der Stillehre, Erzählstil, idiomatische Redewendungen, Homophone, unregelmäßige Verben, Comment u.v.a.
Musterbeispiele als Vorlagen für Lernende.

John A. S. Phillips

Englisch für Frustrierte

Ratgeber für Muß-Studenten und Schüler der englischen Sprache

2. Auflage – 116 Seiten – Illustriert

Bestell-Nr. 0478-2

Dieses Buch ist für Leute geschrieben, denen vielleicht doch noch zu helfen ist, ihre verlorengegangene Freude an der englischen Sprache zurückzugewinnen. John A. S. Phillips, Lektor für Englisch an der Universität Bayreuth, Verfasser mehrerer humorvoller und skurriler Bücher, hat kein Lehrbuch im üblichen Sinne geschrieben. Es ist aber auch kein Amüsierbuch allein; dazu ist es dem Verfasser mit den Menschen, die seine Sprache lernen wollen, viel zu ernst.
Der Leser lernt viel, ohne belehrt zu werden. Was er bietet, will und kann kein systematisches Lehrbuch ersetzen, wohl aber „background" schaffen, bei Kennern der Sprache manches Tüpfelchen auf das „i" setzen und, wie erwähnt (– so auch der Titel –), Frustrierte wieder mobilisieren.
Enjoy it ...

Französisch

Klaus Bahners

Französischunterricht in der Sekundarstufe II

(Kollegstufe)

Texte - Analysen - Methoden

104 Seiten

Bestell-Nr. 0565-7

Dieses Buch wendet sich an alle, die jetzt oder künftig auf der neugestalteten Oberstufe (Sekundarstufe II) Französischunterricht erteilen; vor allem an jüngere Kollegen und Referendare, aber auch an Studenten, die sich auf den Übergang vom wissenschaftlichen Studium zur pädagogischen Umsetzung vorbereiten wollen.

Paul Kämpchen

Französische Texte zur Vorbereitung auf die Reifeprüfung

80 Seiten

Bestell-Nr. 0522-3

Übungen für Grammatik, des Stils und eine der Prüfungsarten - die Nacherzählung - sollen hier dem Anwärter zur Prüfung nahegebracht werden. Kurze und lange Nacherzählungstexte mit Worterklärungen stehen hier als Übungstexte zur Verfügung.
Der Schüler oder Student kann anhand dieser Kurzgeschichten seine sprachliche Beweglichkeit unter Beweis stellen. Kleine und leichte Stücke, die sich nur für Anfänger und wenig Fortgeschrittene eignen, wurden weggelassen.

Alfred Möslein/
Monique Sickermann-Bernard

Textes d'étude

64 Seiten

Bestell-Nr. 0523-1

25 erzählende Texte aus der neueren französischen Literatur als Vorlagen für Nacherzählungen und Textaufgaben.
Durch unterschiedliche Längen und Schwierigkeitsgrade, sowie durch breitgefächerte Thematik eignen sich diese Texte als Lektüre und Ausgangspunkt für Diskussionen im Unterricht. In den "Suggestions" findet man einige Anregungen für Übungen, die sich an die reine Textbehandlung anschließen können. Die Worterklärungen sollen das Verständnis der Texte erleichtern.

Werner Reinhard

Französische Diktatstoffe Unter- und Mittelstufe

1./2. Unterrichtsjahr, sowie 3./4. Unterrichtsjahr

4. Auflage - 96 Seiten

Bestell-Nr. 0532-0

Die nach dem Schwierigkeitsgrad geordneten Texte sind überwiegend Erzählungen und Berichte von Begebenheiten des täglichen Lebens, wobei unbekannte Vokabeln beigegeben sind. Mit den Texten lernt der Schüler die gehobene Umgangssprache, d.h. Vokabular und Wendungen, die er später für eigene Textproduktionen verwenden kann. Den Texten vorangestellt sind Bemerkungen zur Rechtschreibung, die nützliche Rechtschreibregeln enthalten.

Werner Reinhard

Übungstexte zur französischen Grammatik

9. - 13. Klasse

2. Auflage - 128 Seiten

Bestell-Nr. 0543-6

"Übungstexte zur französischen Grammatik" wendet sich an Lernende, die bereits einige grammatische Kenntnisse haben, sie jedoch festigen und vertiefen wollen. Es eignet sich aufgrund umfangreicher Vokabelangaben, sowie des ausführlichen Lösungsteils, zum Selbststudium und vermag bei Schülern ab Klasse 9 Nachhilfeunterricht zu ersetzen.
Die textbezogenen Aufgaben berücksichtigen insgesamt die wichtigsten grammatischen Gebiete, ein Register ermöglicht auch systematisches Vorgehen.

Christine und Gert Sautermeister

Der sichere Weg zur guten französischen Nacherzählung

-Zur Methodik des Hörens und Schreibens im Französischunterricht-

118 Seiten

Bestell-Nr. 0534-7

Der erste Teil des Buches will auf die Bedingungen richtigen Hörens aufmerksam machen und Wege zum besseren Hören skizzieren. Der zweite Teil gibt Anregungen, die Grundrisse des Textes, der Gelenkstellen, Höhepunkte, Pointen nochmals zu vergegenwärtigen.
Spezifische Formulierungsprobleme der Nacherzählung entfaltet der dritte Teil.

Werner Reinhard

Kurze moderne Übungstexte zur französischen Präposition

120 Seiten

Bestell-Nr. 0568-1

In einem lexikalischen Teil gibt das Übungsbuch zunächst einen Überblick über die Anwendung der wichtigsten Präpositionen. Auch die Präposition als Bindeglied zwischen Verb und Objekt bzw. Infinitiv (vor allem à und de) wird berücksichtigt. Listen erleichtern dabei systematisches Lernen.
Im anschließenden Übungsteil kann der Benutzer seine Kenntnisse überprüfen. Vorherrschende Methode ist die Einsatzübung. Mit dem Lösungsteil eignet sich das Buch gut zum Selbststudium. Einsetzbar für den Unterricht in den Sekundarstufen.

Gemeinschafts-kunde

Peter Beyersdorf

Die Bundesrepublik Deutschland

Arbeitsheft zur Sozial- und Gesellschaftskunde

Band 1:
Strukturen und Institutionen
mit Text des Grundgesetzes
124 Seiten
Bestell-Nr. 0507-X

Band 2:
Parteien und Verbände
84 Seiten
Bestell-Nr. 0508-8

Band 3:
Außenpolitische Entwicklung
72 Seiten
Bestell-Nr. 0509-6

Diese Reihe wurde vor allem für den Bereich der politischen Pädagogik geplant: für Lehrer und Schüler also in erster Linie. Das gilt für Gymnasien und höhere Schulen insgesamt, für Berufsschulen und nicht zuletzt für den großen Bereich der Erwachsenenbildung in den Volkshochschulen.
Jedes Heft enthält neben dem Textteil einen Dokumentenanhang und ein Literaturverzeichnis, darin wird auf spezielle, einzelne Themen vertiefende Bücher hingewiesen.
Mit Hilfe dieser "Arbeitshefte" wird es dem Benutzer möglich, die grundsätzlichen politischen Zusammenhänge unseres Gemeinwesens und die Struktur der internationalen Politik zu erkennen. Dazu werden nicht nur Daten und Fakten geboten, sondern zugleich auch deren Erklärung und Interpretation. Stand 1970!

Geschichte

Peter Beyersdorf

Geschichts-Gerüst

von den Anfängen bis zur Gegenwart

4 Teile in einem Band

228 Seiten

Bestell-Nr. 0551-7

Der Primaner, der das „Skelett" dieses „Gerüstes" beherrscht, sollte allen Prüfungsanforderungen gewachsen sein!

Das vorliegende Werk will kein Ersatz für bereits bewährte Bücher ähnlicher Art sein, sondern einem **Auswahlprinzip** huldigen, das **speziell auf Gymnasien,** kurz **alle weiterführenden Schulen zugeschnitten** ist. Daher erklärt sich die drucktechnische Hervorhebung des besonders Wesentlichen (Fettdruck).
Teil I: Von der Antike bis zum Beginn der Völkerwanderung (ca. 3000 v. Chr. bis 375 n. Chr.)
Teil II: Von der Völkerwanderung bis zum Ende des Mittelalters (375 – 1268)
Teil III: Vom Übergang zur Neuzeit bis zum Ende des 1. Weltkrieges (1268 – 1918)
Teil IV: Vom Beginn der Weimarer Republik bis zur Gegenwart (1918 – 1990)

Latein

Reinhold Anton

Die Stammformen und Bedeutungen der lateinischen unregelmäßigen Verben

Anleitung zur Konjugation von etwa 1600 einfachen und zusammengesetzten unregelmäßigen Verben.

5. verbess. Auflage - 40 Seiten

Bestell-Nr. 0500-2

Oswald Woyte

Latein-Gerüst

Der gesamte Stoff bis zur Sekundarstufe II (Kollegstufe) in übersichtlicher Anordnung und leichtverständlicher Darstellung mit Übungstexten, Übungsaufgaben und Schlüssel.

Teil 1: **Formenlehre**
116 Seiten
Bestell-Nr. 0552-5

Teil 2: **Übungsaufgaben und Schlüssel zur Formenlehre**
144 Seiten
Bestell-Nr. 0553-3

Teil 3: **Satzlehre**
104 Seiten
Bestell-Nr. 0554-1

Teil 3: **Übungsaufgaben und Schlüssel zur Satzlehre**
72 Seiten
Bestell-Nr. 0555-X

jeweils 2. Auflage

Die vier Bände ersparen den Lernenden die Nachhilfestunden und bieten ein unentbehrliches Übungs- und Nachschlagewerk bis zur Reifeprüfung.
Der Autor hat aus seiner Praxis als Oberstudiendirektor die Schwierigkeiten der lateinischen Sprache für den häuslichen Übungsbereich aufbereitet und leicht faßbar erläutert. Lernanweisungen sollen das Einprägen erleichtern.

Friedrich Nikol

Latein 1

Übungen mit Lösungen für das erste Lateinjahr in zwei Bänden.

Band 1/**Erstes Halbjahr**
mit Lösungsteil
Bestell-Nr. 0634-3

Band 2/**Zweites Halbjahr**
mit Lösungsteil
Bestell-Nr. 0635-1

In beiden Teilbänden wird der gesamte Stoff des ersten Lateinjahres behandelt.

Latein 2

(2. Lateinjahr)

Bestell-Nr. 0638-6

Der lateinische Wortschatz ist in den Büchern genau angegeben und den verschiedenen lateinischen Unterrichtswerken angepaßt, die in den einzelnen Bundesländern zugelassen und eingeführt sind.
Bei gründlicher häuslicher Nachhilfe mit den Büchern wird der Übende immer mehr Freude an Latein bekommen und bald wird sich auch der Erfolg bei den Leistungen in der Schule zeigen.

Suchen Sie wortgetreue Übersetzungen und Präparationen zu Ihren Schullektüren römischer und griechischer Klassiker?
Sie finden in der **„Kleinen Übersetzungsbibliothek"** in 500 Bänden im Kleinformat wörtliche deutsche Übersetzungen.
Fordern Sie das ausführliche Verzeichnis an.

Mathematik

Bernd Hofmann

Algebra 1

Mathematikhilfe für die 7./8. Jahrgangsstufe weiterführender Schulen

216 Seiten

Bestell-Nr. 0580-0

Friedrich Nikol
Lothar Deutschmann

Algebra 2

Übungs- und Wiederholungsbuch für die 9. und 10. Jahrgangstufe

168 Seiten - Viele Abbildungen

Bestell-Nr. 0645-9

Lothar Deutschmann

Mathematik

Wegweiser zur Abschlußprüfung
Mathematik I, II und III an Realschulen

Anhang: Reifeprüfungsaufgaben mit Lösungen 1980/1981/1982/1983

168 Seiten + 121 Abb.

Bestell-Nr. 0644-0

Ein erfahrener Pädagoge erteilt Nachhilfeunterricht in Mathematik.

In anschaulicher Weise werden den Benutzern Aufgaben aus der Mathematik an Realschulen vorgeführt, erklärt und mit Lösungsweg und Lösungen beschrieben.

Ruth Kirchmann

Zielscheibe Mathematik

Wenn Schüler vor Mathematik zurückschrecken, liegt es häufig an den Lücken, die irgendwann entstanden sind und das Verständnis des ganzen folgenden Unterrichtsstoffes blockieren.
In diesen Nachhilfebüchern, die auch zum Nachlernen für zu Hause geeignet sind, finden sich Schüler schnell zurecht.

Dezimalzahlen

78 Seiten - viele Abbildungen
+ 8 Seiten Lösungsheft

Bestell-Nr. 0671-8

Johannes Lorenz

Mathematik-Gerüst – Unterbau

6. Auflage - 84 Seiten

Bestell-Nr. 0558-4

Sammlung von Formeln und Sätzen mit zahlreichen Musteraufgaben und vielen Figuren.

Inhalt: Zahlenrechnen - Algebra - Gleichungen - Logarithmen - Geometrie - Stereometrie - Trigonometrie.
Dieser Band richtet sich an den Lernenden, der in kurzer Form seine Kenntnisse wieder auffrischen möchte und anhand von Musteraufgaben Lösungswege rekonstruieren will.

Bis Sekundarstufe I.

Georg Ulrich/Paul Hofmann

Geometrie zum Selbstunterricht

Ein vollständiger Lehrgang der Geometrie zum Selbstunterricht und zur Wiederholung und Nachhilfe. Von der elementaren Geometrie über die Differential- und Integralrechnung bis zur Integralgleichung bieten die Bände den gesamten Stoff der Oberschulen bis zur Sekundarstufe II.
Übungsaufgaben mit Lösungen erleichtern die Verfolgung des Rechenweges und deren Einprägung und Verstehen.

1. Teil:

Planimetrie
172 Seiten
Bestell-Nr. 0576-2

2. Teil:

Trigonometrie
136 Seiten
Bestell-Nr. 0540-1

3. Teil:

Stereometrie
148 Seiten
Bestell-Nr. 0577-0

4. Teil:

Analytische Geometrie
232 Seiten
Bestell-Nr. 0536-3

Philosophie

Robert Hippe

Philosophie-Gerüst

Teil 1 -96 Seiten

Bestell-Nr. 560-6

Der erste Band des Philosophie-Gerüsts will an die Geschichte der abendländischen Philosophie heranführen, dem Leser einen Überblick über die Jahrhunderte philosophischen Denkens geben.
Aus dem Inhalt: Was ist Philosophie? Die griechische Philosophie - Die hellenistisch-römische Philosophie - Die Philosophie des Christentums - Die Philosophie des Mittelalters, im Zeitalter der Renaissance und des Barock - Die Philosophie von der Aufklärung bis zu Hegel - Die Philosophie der Gegenwart.
Anhang - Bibliographie u.a.

Teil 2 - 80 Seiten

Bestell-Nr. 561-4

Im zweiten Band werden die Disziplinen der reinen und angewandten Philosophie behandelt und dem Benutzer ein Überblick über den gewaltigen Umfang des Bereichs der Philosophie gegeben.
Aus dem Inhalt: **Die Disziplinen der reinen Philosophie:** Logik und Dialektik - Psychologie - Erkenntnistheorie - Ontologie und Metaphysik - Ethik - Ästhetik.
Die Disziplinen der angewandten Philosophie: Naturphilosophie und Philosophie der Mathematik - Geschichtsphilosophie - Rechts- und Religionsphilosophie - Philosophische Anthropologie und Existenzphilosophie - Sprachphilosophie.
Philosophie und Weltanschauung
Bibliographischer Anhang u.a.